인생은 롱테이크다.

늘 무지갯빛처럼 화려하고 생동감이 넘치는 것만은 아니다.
때론 단순하기도 하다.

인생이 다채롭건 지루하건
그게 중요하지 않다.

중요한 건 인생이라는 그릇에 무엇을 담느냐는 것이다.

울고 있을 수만은 없다.

내 인생이니까.
．
．
．
내 한 번뿐인 인생이니까.

멋진 인생, 성공한 인생을 살기 위해선
특별한 방법이 없다.

끊임없이 배우고,

느끼고,

생각하고,

행동하고,

꿈꾸며 사는 방법밖엔 없다.

Love is,

above all else,

the gift of oneself

일분 일초라도 헛되이 살지 않을것을
다짐하며

이 말을 매일 마음속에
되새기며

눈 부신 자신을
상상하며

일분 일초라도 헛되이 살지 않을것을
다짐하며
이 말을 매일 마음속에
되새기며
눈 부신 자신을
상상하며

1판 1쇄 인쇄 2013년 7월 26일
1판 1쇄 발행 2013년 7월 31일

지은이 김현태
발행인 김주복
디자인 디자인밥

발행처 서래
출판등록 2011.8.12. 제 35-2011-000038호
주소 서울시 동대문구 답십리 2동 한신아파트 2동 106호
대표전화 070-4086-4283, 010-8603-4283
팩스 02-989-3897
이메일 2010sr@naver.com

값 14,000원
ISBN 978-89-98588-01-4 03810

- 잘못된 책은 바꾸어 드립니다.
- 저자와의 협의에 의해 인지를 붙이지 않습니다.

일분 일초라도 헛되이 살지 않을것을
다짐하며

이 말을 매일 마음속에
되새기며

눈 부신 자신을
상상하며

김혜태 지음

Love is, above all else,
the gift of oneself

서래books

목차

머리말 당분간은 나만을 위로하고 나만을 생각하자   10

•1장• 다짐하며

Plan 생각한 대로 인생이 착착 진행되고 있나요?   18

Restoration 실패가 끝이 아니라 시작이라는 사실을 이미 알고 계세요?   22

Change 스스로 변하지 않으면 변화를 당하고 맙니다   26

Wisdom 생각의 창고에 얼마나 많은 지혜가 쌓여 있나요?   30

Leadership 누구나 다 마음이 따뜻한 리더를 만나고 싶다   34

Effort 쓰러지기 직전까지 투혼을 발휘한 적이 있나요?   38

Challenge 당신이 선택했던 마지막 도전은 무엇입니까?   42

Chance 살아오는 동안 당신이 놓쳐버린 가장 아쉬운 기회는 무엇인가요?   46

Curiosity 언제부턴가 생각하는 게 왜 귀찮아진 걸까요?   50

 ·········· 넓고 너그러운 마음 갖기   54

Self-sacrifice 기꺼이 가장 소중한 것을 내놓을 수 있나요?   58

Repentance 이것만은 되돌려놓았으면 좋겠다고 생각한 게 뭔가요? 62

Promise 지키지 못할 약속은 아예 하지 않는 게 좋아요 66

Reclamation 운명대로 살 건가요 아니면 개척할 건가요 70

Confidentness 고개 숙이지 말고 당당한 모습을 보여주세요 74

Pardon 누군가를 진심으로 용서한 적이 있나요? 78

Help 남을 도울 수 있다는 건 축복입니다 82

Model 지적보다는 솔선수범이 참으로 효과적입니다 86

Chinless 나약한 나를 이기는 순간 세상에서 가장 강한 사람이 됩니다 90

Tenacity 다시 기회가 주어진다면 잘해낼 수 있죠? 94

Healing chair ·········· 있는 그대로의 솔직함 보이기 98

• 2장 • 되새기며

Anger 화를 내서 이익을 본 적이 있나요? 106

Avarice 손에 쥔 것들을 내려놓으면 모든 것을 얻을 수 있어요 110

Vanity 옷장에서 잠자는 명품 옷이 몇 벌이나 되나요? 114

Egoistic mind 나만 생각하지 말고 가끔은 남도 생각해주면 좋겠네 118

Persistence 한 걸음 더 내디디면, 한 1분만 더 참으면 이뤄낼 수 있어요 122

Calm 잘될 일도 서두르면 안 되는 법이다　126

Diligence 게으름은 성실히 일한 자에게만 주어지는 잠깐의 휴식이에요　130

Money 지금 당신의 돈은 어디로 흘러가고 있나요?　134

Bad manners 타성과 나쁜 버릇은 미련 갖지 말고 빨리 버리는 게 좋아요　138

 ·········· 사랑을 의심하지 않기　144

Individuality 어떤 색깔로 살고 있나요?　148

Hope 벼랑 끝에서 기적처럼 재기한 사람에게 배우세요　152

Positiveness 적극적인 사람이 결국 하나 더 얻을 수 있어요　156

Time 시간 앞에 부끄럽지 않은 오늘을 보냈나요?　160

Discontent 불평이 그렇게 많아서 어떻게 하려고요?　164

Conquest 당신에겐 두려움을 정복할 힘을 가지고 있나요?　168

Present 과거를 버리면 현재라는 소중한 선물을 얻을 수 있어요　172

 ·········· 어머니 꼭 안아드리기　176

• 3장 • **상상하며**

Love 누구나 한 번쯤은 잊지 못할 사랑을 합니다　184

Father 아버지의 거친 손을 한 번이라도 따뜻하게 잡아준 적이 있나요?　188

Thank 감사한 마음으로 하루를 사세요　194

Happiness 당신이 찾고자 하는 그것, 행복을 찾으셨나요?   198
Tranquility 당신의 삶 속에서 가장 평안했던 때가 언제인가요?   202
Smile 미소 짓는 당신, 가장 아름답네요   206
Traveling together 당신에게는 평생을 함께할 동반자가 있나요?   210
Charm 존재, 그 자체만으로도 충분히 매력적이에요   214
Concern 걱정한다고 해서 일이 해결된 적이 있나요?   218

 ………… 친구와 마음 나누기   222

Humility 당신은 얼마나 낮게 허리를 굽힐 수 있나요?   226
Consideration 더 아끼고 더 배려하고 더 생각해주는 게 정말 사랑이에요   230
Lie 하루에 당신은 몇 번이나 거짓말을 하는지 세어봤나요?   236
Sharing 당신의 지갑에는 헌혈증서가 몇 장이나 들어있나요?   240
Cooperation 혼자서 모든 것을 다 해낼 수 있을 거로 생각하세요?   244
Respect 그 누구도 그 누구를 무시할 자격은 없다   248
Praise 누군가에게 칭찬을 건넨 게 언제인가요?   252
Prejudice 편협한 사고보다는 둥글한 사고가 훨씬 살기 수월해요   256
Calumny 약점을 들추기보다는 좋은 점을 말해주세요   260

Healing chair ………… 남을 위해 기꺼이 연탄 한 장 되기   264

마음은 자유로이 여행할 수 있도록

시원하게 뚫린 대로가 아니다

복잡하게 얽혀있고 때론 험한 산길도 나온다

잠시 쉬었다 가는 건 좋으나

그 자리에 영영 주저앉으면 안 되는 법

다 지나고 나면 훌쩍 마음의 키가 커지리라

프롤로그
prologue

당분간은 나만을 위로하고
나만을 생각하자

나는 살고, 아프고, 실수하고,
모험하고, 주고, 사랑함으로써 죽음을 늦춘다.
—아네 냉

'인생은 무엇일까?'

이 질문에 당신은 명쾌하게 대답할 수 있는가?

인생을 안다는 건 그리 쉬운 일이 아니다.

봄과 여름이 다르고 바다와 하늘이 다르고 나무와 돌이 다르듯 어제의 삶과 오늘의 삶은 분명 다르다. 상황에 따라, 의지에 따라, 역할에 따라 달라지고 변하는 것이 인생이다.

인생은 다채롭다.

구름 위를 걷는 기분을 느끼기도 하다가, 어둡고 깊은 수렁에 빠져 숨조차 쉴 수 없을 때도 있다. 버럭 화를 내기도 하다가, 누군가의 우스갯소리에 실실 웃음을 보이기도 한다. 열정적으로 일하다가도 어떤 날은 손가락 하나도 까닥하기 싫은 날이 있기도 하다.

문득 바다가 그리워 깊은 밤에 일상을 버리고 홀로 여행을 떠났다가도 혼자라는 생각에 몹시 외롭고 사람이 그리워 다시 도시의 섬으로 되돌아온다.

인생은 롱테이크다.

늘 무지갯빛처럼 화려하고 생동감이 넘치는 것만은 아니다. 때론 단순하기도 하다. 반쯤 감긴 눈을 비비며 일어나 아침밥을 먹는 둥 마는 둥 옷을 대충 챙겨 입고 늘 가던 곳으로 향한다. 동료나 친구들과 형식적인 인사를 건네고 자리에 앉아 컴퓨터를 두드리거나 공상에 빠진다. 밤이 되면 집으로 다시 들어오고 피곤한 하루를 마감하며 잠을 청한다. 역시 다음 날에도 같은 삶이 반복된다. 자극도 없고 꿈도 없는.

인생이 다채롭건 지루하건 그게 중요하지 않다. 중요한 건 인생이라는 그릇에 무엇을 담느냐는 것이다.

논어에 나오는 것처럼 15살에 학문에 뜻을 두고 30살에 자립하고

50살이 되면 하늘의 뜻을 아는 것처럼 근사하고 아름답고 행복한 내용물을 담으면 얼마나 좋을까. 그러나 어찌 뜻대로 되겠는가.

　우리 주위엔 너무 많은 유혹이 도사리고 있다. 그 유혹에 휩싸여 인생이 나락에 떨어지기도 하고 한없이 나약하고 비굴한 존재가 되기도 한다. 또한, 세상살이도 내 마음 같지 않다. 눈물 쏟게 하는 일, 주저앉히는 일, 가슴 치며 원통한 일, 짜증이 나고 고달픈 일이 수시로 일어난다. 그 탓에 마음의 상처를 받는다. 그 누구 하나 위로해줄 사람 없고 내 마음과 같은 사람이 없다는 걸 문득 느낄 때가 있다. 그렇지만 어찌할 건가. 울고 있을 수만은 없다. 내 인생이니까. 내 한 번뿐인 인생이니까. 흐트러진 마음을 다시 추슬러야 한다.

　이 책은 지금까지 살아왔던 인생을 되돌아보고 잘한 것은 격려하고 못한 것은 반성하며 또한 앞으로 살아갈 인생에 대해 계획하고 꿈꾸길 바라는 마음에서 엮었다. 멋진 인생, 성공한 인생을 살기 위해선 특별한 방법이 없다. 끊임없이 배우고, 느끼고, 생각하고, 행동하고, 꿈꾸며 사는 방법밖엔 없다.

　인생을 살면서 접할 수 있는 다양한 명제를 부드럽고 따뜻하게 풀어냈고 아울러 삶을 깊이 사유했던 철학자들 (톨스토이, 쇼펜하우어, 파스칼, 발타자르 그라시안, 아우렐리우스 등)의 생각을 흡수해 현대적인 감각에 맞게 새 틀에 담았고 또한 그들의 생각에 부족하나마 필자의 느낌을 곳곳에 덧붙였다.

부디 이 책을 통해 흔들리는 마음, 지친 마음, 아픈 마음을 따뜻하게 위로받고 다시 살아가야 할 이유를 찾길 바란다.

1장

다짐하며

가슴 속에 너무 오래 담아두면

그 안에서 썩고 만다.

너무 늦지 않게 꺼내라.

충분히 해낼 수 있다.

가슴 속에 있는 것은 그 누구도 빼앗을 수 없다.

이제 이뤄라.

약간의 용기와 행동만 있으면 그것으로 충분하다.

Plan
생각한 대로 인생이 착착 진행되고 있나요?

성공하겠다는 포부와 자신에 대한 믿음.
그리고 긍정적인 자신의 미래상이 바로 그것이다.
모험이 두려워 현실에 안주한 채
피하기만 한다면 잃을 것은 없지만, 또한 얻을 것도 없다.
아니면 자신의 삶을 온통 부정적인 메시지로 채우고
부질없는 행동을 일삼거나 불만이 가득하면
당연히 실패의 길로 접어들게 된다.
그 선택은 오로지 여러분 자신에 달려있다.
- 킹덩컨의 「더 좋은 세상을 만드는 영향의 법칙」 중에서

"쓰레기를 뒤지던 흑인 아이들이 아름다운 하모니를 낸다고 생각해보세요. 머릿속에 그림만 그려도 가슴이 찡하지 않습니까. 제 인생을 걸고 한번 해볼 생각입니다."

세계 3대 빈민굴로 꼽히는 케냐의 나이로비 고로고초 지역으로 떠난 바리톤 김재창의 포부다.

"길거리에 떨어진 쓰레기를 줍는 것 이전에 시민이 쓰레기를 버리지 않도록 일깨우는 환경파수꾼으로서 소임에 충실하겠습니다. 그리고 반듯한 직장을 갖게 되었으니 당장 청혼부터 할 생각입니다."

광주 북구청에서 뽑는 환경미화원에 합격한 당당한 청년, 양은승의 포부다.

"나는 이번 대회를 즐기러 왔습니다. 코스가 매우 어렵지만 별문제 없어요. 나는 살아남을 것입니다. 이 코스가 길다고 하지만 나는 훨씬 더 긴 코스에서도 대회를 치러봤답니다. 오히려 짧아 보이는걸요."

미 LPGA투어에 참가했던 미셸 위, 당시 14살 소녀의 당찬 포부다.

사람마다 자신만의 포부가 있다. 누가 얼마나 더 큰 포부를 지녔느냐는 중요하지 않다. 오랫동안 자신의 포부를 가꾸고 실천해가는 것, 중요한 것은 바로 그것이다.

미국인 웹스터는 짧은 시간 내에 청중을 감동하게 하는 명 웅변가로 유명하다. 청중들은 그의 연설에 심취되고 감동의 눈물을 흘린다. 어느 날 신문 기자가 그에게 물었다.

"그 짧은 웅변을 준비하는 데 얼마의 시간이 걸렸습니까?"

그러자 웹스터는 이렇게 대답했다.

"일평생 걸렸습니다."

사람은 노력을 통해 성장하고 성숙하며 꿈을 이룰 수 있다. 일평생 가슴에 담고 그것을 이루기 위해 노력하는 것, 이것이 행복한 인생을 위한 최고의 방법이다.

One more ...

🌸 목적지를 정하지 않고 항해하는 배는 무의미하다

인생에서 목적의식을 갖는다는 건 아주 중요한 일이다. 목적이 없다는 건 무의미한 일이며 지금 내가 왜 사는지, 왜 웃는지, 왜 말하는지도 모르는 바보이다.

아무리 95%에 달하는 사람이라도 목적이 없다면 그건 조타기가 없는 선박과 같다. '언젠가는 항구에 도달하겠지'라는 막연하고 보이지 않는 희망만을 품고 바람 따라, 파도 따라 흐르는 대로 표류하는 것과 다를 바 없다.

이러한 선박의 최후는 어떻게 될까?

안 봐도 뻔하다. 대게 바위에 부딪히거나 큰 파도에 휩쓸려 결국 침몰하고 만다.

이 선박이 안전하게 항구에 도달하기 위해선 나머지 5%, 즉 5%의 목적의식이 있어야 한다. 목적지를 결정해서 거기에 이르는 최선의 항로를 점검하고 파도나 바람을 극복할 수 있는 항해술도 익혀야 한다.

목적의식이 있는 선박은 다르다. 추진력이 생긴다. 그리하여 조타기가 없는 선박이 평생 항해하는 거리 이상을 이 선박은 단 2, 3년 만이면 해결할 수 있다. 또한, 이 선박은 항해에 오래 머물지 않고 다른 목적지를 향해 출발한다.

이미 알고 있다. 다음의 기항지가 어디인지.

또한, 지금 자신의 위치가 어디쯤이고 얼마나 더 가야 목적지에 도달할 수 있는지도 안다. 아울러 항해 도중에 폭풍우를 만나더라도 전혀 놀라거나 당황하지 않는다. 묵묵히 자기가 맡은 일, 자기가 반드시 해내야 할 일에만 전념한다. 열심히 하다 보면 폭풍우도 걷히고 어느새 목적지에 성큼 다가와 있다는 걸 안다.

인생에서 승리하기 위해선 다른 것이 없다. 출발점에 섰을 때, 목적과 목표가 있어야 한다.

어떤 삶을 살지, 어떤 인간이 될지, 최후까지 내가 지켜야 할 것이 뭔지, 그리고 이 세상을 떠날 때 남길 것이 뭔지를 정한다면 그의 인생은 승리하는 삶을 사는 모든 것이 모든 것이 그의 뜻대로 될 것이다.

Restoration
실패가 끝이 아니라 시작이라는 사실을
이미 알고 계세요?

"실수를 해서 스텝이 엉키면, 그게 바로 탱고라오."
한 여인에게 탱고 추기를 권하면서 맹인 장교가 하는 말입니다.
이 대사를 나는 이렇게 바꾸어 말하고 싶습니다.
"실수를 해서 넘어지면, 그게 바로 삶이라오."
실수하고 넘어지면서 가는 것, 그게 바로 삶입니다.
오늘 하루, 만약 실수를 했다면
그것은 당신이 제대로 살고 있다는 증거입니다.

-권대웅 「천국에서의 하루」 중에서

우리의 인생에서 성공할 확률은 그다지 높지 않다. 80% 정도는 실패한다. 아니 그보다 더 많이 실패할는지도 모른다.

독일의 에를리히 박사에게는 '606호'라는 유명한 연구가 있다. 그는 매독 병원체인 스피로헤타를 죽이면서 인체에는 해를 미치지 않는 화합물을 만들기 위해 생쥐를 상대로 수많은 실험을 했다. 그러나 매번 실패하곤 했다. 605번의 실험에서 실패를 경험하는 동안 그는 절망의 고랑에 빠졌다. 그러나 그는 곧바로 희망을 회복하고 연구에 몰두했다. 결국, 606번째의 실험에서 그는 매독 병균을 물리치는 '살바르산'이라는 백신을 탄생시켰다.

실패는 누구에게나 숙명처럼 다가온다. 그러니 왜 나에게만 이런 시련이…라고 좌절하거나 염려할 필요는 없다. 중요한 것은 실패를 성공의 한 과정으로 받아들이고 다시 도전하는 것이다.

불멸의 작곡가 베토벤의 시작은 바이올린 연주자였으나 결과는 실패의 연속이었다. 하지만 그가 택한 것은 좌절 대신 작곡가로서의 길이었다.

카루소는 음치라고 놀려대는 주위의 손가락질을 극복하고 최고의 성악가로 우뚝 섰다.

아이디어가 부족하다는 이유로 신문사에서 해고된 월트 디즈니는 기발하고 환상적인 아이디어로 디즈니랜드 제국을 건설했고 헨리 포드는 다섯 번의 연이은 파산에도 세계적인 자동차 회사를 설립했다.

실패의 경험이 없었다면 그들의 이름은 오늘날까지 이어지지 않을 것이다. 평범함을 특별하게 만들고 나약함을 위대함으로 만드는 것, 바로 실패의 힘이다.

한 해를 처음 시작하는 1월은 영어로 'January'이다.

이 말은 로마 신화의 '야누스(Janus)'에서 유래되었다. 머리가 2개인 야누스는 하나로는 과거를 돌아보고 또 다른 머리는 미래를 내다본다.

실패와 맞닥뜨렸을 때 우리는 야누스가 되어야 한다. 실패한 과거를 통해 반성의 기회를 갖고 기회를 이용해 앞으로 나아갈 수 있는 계기를 만들어야 한다.

실패, 정녕 그것은 아무것도 아니다.

One more ...

광활한 삶 앞에 어떤 자세를 취할까?

십대는 부모의 보호 아래 있다. 또한, 아직 생각이 성숙한 단계가 아니므로 잘못을 저질렀을 때, 어느 정도 용서가 되고 법의 집행을 유예할 수 있다.

이십대는 다르다. 혼자서 세상과 맞서야 하고 자기가 한 일에 관해선 책임을 져야 하며 또한 나은 미래를 위해 부단히 노력해야 한다.

십대 이후의 삶! 그리 즐겁지만은 않다.

가장 많은 노력이 요구되는 시기임을 알아야 한다. 그렇다고 너무 겁을 먹을 필요는 없다.

십대 이후의 삶은 심각하지 않게 즐거운 평화와 자연의 푸름을 만끽하는 시기이다. 그러면서도 서서히 성숙기의 어려운 언덕을 올라갈 준비도 해야 한다. 어쩌면 그 언덕에는 아주 뾰족하고 거대한 바위로 가득 차 있는 곳인지도 모른다. 하지만 열심히 노력하고 달려가면 미덕의 경지로 올라갈 수 있다. 뭐든지 노력 없이 이룰 수 있는 건 없다. 노력 없이 정상에 오를 순 더더욱 없다.

가는 길에 황량한 계곡도 만나고 발톱이 날카로운 독수리도 만나겠지만 늘 정상을 꿈꿔라. 정상은 잎이 무성하고 맛있는 열매가 가득한 나무가 있다. 그리고 그곳은 어느 곳보다 높아서 세상을 다 포용할 수 있으며 모든 것이 낮게 보이고 순하게 보인다. 또한, 지금까지 살아왔던 삶이 너무나 철없는 어린아이의 칭얼대는 소리임을 깨닫게 된다.

당신이 만나는 삶은 광활하고 깊고 아름답다. 그곳에서 어떤 자세를 취하고 어떤 행동을 보일지 그건 순전히 당신의 몫이다.

Change
스스로 변하지 않으면 변화를 당하고 맙니다

> 잔잔한 연못은 조약돌을 만들지 못합니다.
> 강이나 바다처럼 흐르는 물만이 조약돌을 만들 수 있습니다.
> 물살은 바위를 깎고 다른 바위와 부딪치게 해서 부드럽게 만듭니다.
> 당신은 언제든지 다른 모양으로 만들어질 준비가 되어 있습니까?
> ─제니 베이커 『내 안에 들어온 예수님』 중에서

대부분 사람은 익숙한 것을 좋아한다. 매일 가던 음식점에서 식사하고 자기에게 잘 어울리는 옷만 입게 되고 늘 가던 길로 다니고 항상 만나는 사람들과 함께한다.

그러나 때론 익숙한 것과도 결별을 선언해야만 한다. 낯선 것과의 만남을 통해 새로운 세상을 만나고 그 속도를 앞지를 필요도 있다. 물론 지금의 나를 버리고 새로운 세상 속으로 뛰어든다는 것이 쉬운 일은 아니다. 사람은 선천적으로 변화를 두려워하기 때문이다. 새로운 것에 호기심은 있지만, 막상 변화가 찾아오면 뒤로 물러나거나 과거에 대해 집착하고 만다. 지식의 변화가 두렵고 자세의 변화가 두렵고 행동의 변화가 두렵고 조직의 변화가 두려운 것이다.

그러나 언제까지 변화를 남의 일처럼 외면할 수는 없다. 변화의 두려움을 극복하는 순간, 새로운 길이 열리고 새로운 힘이 솟구치기 때문이다.

어느 시골에 병약한 남자가 살고 있었다. 원인도 알 수 없는 병 때문에 그는 하루하루 견디기 어려웠다. 그러던 어느 날 꿈을 꾸었다. 꿈속에서 개미 한 마리가 그에게 말했다.

"집 앞의 바위를 매일 미세요. 그럼 병이 나을 겁니다."

그는 꿈을 믿었고 매일 아침 바위를 밀었다. 그렇게 다섯 달이 흘러갔다. 어느 날 문득 그는 그동안 자신이 밀어왔던 바위가 겨우 손바닥만큼밖에 움직이지 않았다는 사실을 깨달았다.

"다섯 달 동안에 겨우 이 정도밖에 옮기지 못하다니! 개미한테 속았어!"

그러자 바위 옆에 있던 개미가 그에게 말했다.

"전 당신에게 바위를 옮기라고 하지 않았습니다. 그저 바위를 밀라고만 했지요. 그리고 바위의 변화는 그리 중요하지 않습니다. 다섯 달 동안 당신은 변했습니다. 거울을 보십시오."

남자는 집에 들어가 거울을 보았다. 병약했던 모습은 온데간데없고 거울 속에는 근육질의 한 남자가 서 있었다.

애벌레의 탈피와 번데기의 변태 과정을 통해 예쁜 나비가 탄생하듯 변화라는 고통을 극복해야만 새로운 세상을 만들 수 있다.

지금 변화를 꿈꾸고 있는가. 그렇다면 두 팔을 벌려 그것을 환영하라. 고통보다 더 큰 환희를 맛볼 수 있을 것이다.

One more …

🌸 변화보다 한걸음 더 빨리 변해야 한다

 변화를 좋아하는 사람은 없다. 변화는 지금의 생활을 뒤엎는 일이기 때문이다.

 앞으로 일어날 일을 쉽게 예측할 수 없으므로 두렵고 불안하다. 또한, 변화하는 과정에서 분명 어느 정도의 고통이 따르기 마련이다.

 대부분 사람은 변화를 원치 않는다. 지금 그대로의 모습을 원한다. 그러나 생각해보라. 변화가 없는 삶, 얼마나 지루하고 답답하겠는가? 그리고 무슨 일이든 이루어지기 위해서는 변화가 있어야 한다. 변화 없이 발전되고 완성된 일은 이 세상 천지에 아무것도 없다.

 장작이 불구덩이 속으로 들어갔기 때문에 목욕물을 데울 수 있고 음식을 요리해야 우리 입으로 들어갈 수 있으며 비바람을 참고 견뎌야 나무는 과실을 맺을 수 있다.

 그렇지 않은가? 변화는 더 나은 삶으로 가는 과정일 뿐이며 나를 되돌아보는 성찰의 시간이다. 그러니 변화를 두려워하지 마라. 변화는 계절이 변하는 것처럼 필연적인 일이다.

 아울러 변화보다 한 걸음 더 스스로 빨리 변하라. 그럼 두려움과 고통도 덜할 것이다. 그리고 분명 남보다 앞선 사람이 될 것이다.

Wisdom
생각의 창고에 얼마나 많은 지혜가 쌓여 있나요?

꽃을 보면 아름다움을 배우고,
돌을 보면 무거움을 배우고,
아이를 보면 사랑을 배우고, 어른을 보면 존경을 배워야 한다.
그것이 참다운 배움의 방법이다.
—청학동 훈장의 『세상 사람은 나를 보고 웃고 나는 세상을 보고 웃는다』 중에서

원시 부족사회에서는 힘센 사람이 늘 부족장 자리를 차지했다. 사냥을 통해 얻은 식량을 부족원에게 나눠주고 사나운 짐승들의 공격이나 적들로부터 부족 원을 안전하게 지키고 보호해주면 그것만으로도 부족장의 역할을 다 한 것이다.

그러나 요즘 시대는 어떠한가? 단지 힘만 있다고 최고가 될 수 있을까? 그렇지 않다. 요즘은 물리적인 힘보다는 두뇌의 힘이 더 인정받는 시대다. 상위 10%의 두뇌집단이 나머지 90%를 책임지는 세상이라고 말해도 과언이 아니다. 틀에 갇힌 관습과 습관을 벗어나 끊임없이 자신을 변화시키는 사람만이 자신의 꿈과 희망을 이루어낼 수 있다.

어떤 사나이가 여행길에 죽순 요리를 대접받았다.

"이게 무엇입니까? 정말 맛이 좋습니다."

그러자 요리사가 말했다.

"죽순이라고, 대나무 요리입니다."

"대나무로 이렇게 맛있는 요리를 만들다니 참 신기합니다."

여행을 마치고 돌아온 사나이는 집에 오자마자 바쁘게 마룻바닥에 깔린 대나무 서너 개를 뽑아서는 솥에 넣고 삶았다. 그러나 아무리 오래 삶아도 대나무가 연해질 리 없었다.

"이놈의 요리사! 나를 속이다니!"

지식이나 지혜를 돈으로 환산할 수는 없다. 그러나 인생이라는 머나먼 여정 속에서 남보다 조금은 빠른 길을 찾을 수 있게 하고 모르는 것을 새롭게 알아가는 재미와 남에게 자신의 지식을 전파할 수 있는 행복까지도 얻을 수 있다.

모르는 건 인정하고 조금이라도 더 알기 위해 노력하는 자세, 그것이 나를 채우고 인생을 채우는 일이다.

One more ...

🌸 지혜는 세상을 살아가는데 유용하다

당신의 의도를 때로는 다 드러내지 마라. 반대로 때로는 당신의 의도를 다 내보이기도 하라. 당신의 의도를 사악한 무리에게 먼저 들키지 말고 그 사악한 무리의 의도를 먼저 파악하며, 때론 사악한 무리에게 먼저 당신의 의도를 보여 아예 그들이 접근하지 못하도록 하라.

인생이란 어쩌면 사악한 것과의 투쟁인지도 모른다. 사악한 무리를 이기기 위해선 위장술이 필요하고 때론 정직한 용기가 필요하기도 하다.

사악한 무리와 싸우려면 무엇보다도 지혜가 필요하다. 굳이 그들과 싸우지 않는다고 해도 지혜는 살아가는데 아주 유용하다. 지혜로운 자만이 의도대로 책략을 구사할 수 있고 알아야 당신을 속이려는 자들에게 속지 않고 오히려 그들을 휘어잡을 수 있다. 또한, 지혜로운 자는 언제나 보이는 것뿐만 아니라 그 이면을 파악할 줄 안다.

그 이면을 알면 여유가 생기고 새로운 전략을 세울 수도 있다.

Leadership
누구나 다 마음이 따뜻한 리더를 만나고 싶다

가장 유능한 리더는
뛰어난 자질의 사람들을 발굴하여
옆에 둘 수 있는 탁월한 감각을 지닌 사람이다.
또한, 그들이 맡은 바 일을 수행하고 있을 때
무슨 일을 하든 간섭하지 않는
충분한 자기 절제력을 지닌 사람이다.
-시어도어 루즈벨트 대통령

리더가 모든 면에서 남보다 앞서야 한다는 생각은 버려야 한다.

리더는 신이 아니다. 별다를 것 없는 똑같은 인간이다. 하지만 남보다 앞서야 할 중요한 한 가지가 있다. 바로 '발견의 눈'이다.

자기의 부족한 부분을 채워줄 수 있는 사람, 그 사람을 발견할 수 있는 눈을 가져야 한다. 그것이 바로 리더가 갖춰야 할 최고의 덕목이다.

그간의 모든 인맥과 로비를 거부하고 오직 실력으로만 선수를 선발해 한국인에게 잊지 못할 선물을 안겨주었던 히딩크의 능력도 바로 여기에 있었다. 실력을 통한 인재 등용, 그리고 인재를 적재적소에 배치하여 최대의 효과를 끌어낸 발견의 눈. 이것이야말로 히딩크를 국민적 영웅으로 만든 힘이다.

전쟁이 임박한 동물 나라에서 총지휘관인 사자에게 여러 동물이 몰려왔다. 동물들은 서로 쳐다보며 한심하다는 듯이 수군거렸다.

"당나귀는 걷는 것도 엉성하니까 전쟁에 도움이 안 돼! 그러니 넌 필요 없어!"

"토끼는 눈이 커서 겁이 많아. 역시 도움이 안 돼!"

"개미는 가서 잠이나 자라. 힘도 없는 것이!"

"코끼리는 덩치만 컸지 너무 느려!"

이때 총지휘관인 사자가 고개를 내저으며 말했다.

"내 눈에는 다들 최고의 전사로 보이는데 왜 여러분은 그런 소리만 하고 있습니까? 당나귀는 입이 길어서 나팔수로 적합하고 토끼는 걸음이 빠르니 전령의 임무를, 개미는 눈에 잘 안 띄니 첩보원을, 코끼리는 힘이 세니 물자를 지원하면 됩니다."

리더의 창은 늘 열려 있어야 한다.
먹구름이 오면 기꺼이 받아들여 뽀송뽀송한 구름으로 만들어야 하고 망나니에게도 손을 내밀어 최고의 무장으로 만들 수 있어야 한다.

One more ...

귀는 활짝 열려 있어야 한다

귀의 위치를 보자.
눈과 코와 입은 얼굴의 앞면에 있지만, 귀는 측면에 붙어 있다. 그런 이유로 어떤 이들은 귀가 거짓말이나 악의 소리가 쉽게 들어와 머리로 통한다고 생각한다. 그러나 그건 마음이 곱지 않은 사람의 경우이고 대게 귀는 좋은 기능을 하고 있다.
우리의 영혼이 쉬고 있는 중에도 항상 열려 있으면서 자연과 우주의 소리를 듣는다. 그리고 거짓과 악이 우리의 영혼을 침범하려고 할 때, 영혼을 지키는 파수꾼 역할도 한다. 또한, 귀는 눈과 다르게 모든 것을 흡수한다.
눈은 우리가 원하는 것만 보지만 귀는 그렇지 않다. 우리에게 들려

오는 세상의 모든 소리를 듣는다. 그리고 눈은 한 번 본 것을 다시 한 번 또 볼 수 있지만, 귀는 그렇지 않다. 한 번 지나간 것은 더는 들을 수 없다. 듣는다 해도 그전의 것이 아니다.

현명한 사람이 되고자 한다면 입은 굳게 닫아 사람을 얻고 귀는 활짝 열어 세상의 지혜를 얻어야 한다.

Effort
쓰러지기 직전까지 투혼을 발휘한 적이 있나요?

즉흥곡은 결코 즉흥적으로 만들어진 작품이 아니다.
영감은 노력하지 않고도 나오는 것이 아니라
힘겨운 노력 끝에 생성되기 때문이다.
-안토니 가우디의 『가우디 공간의 환상』 중에서

어느 인디언 부족의 추장은 기우제를 지내기만 하면 신통하게도 비가 내린다. 그 덕분에 오랜 세월 동안 부족 사람들에게 존경을 받으며 매년 추장으로 다시 추대되곤 했다.

정말로 추장의 기원이 하늘에 닿았기 때문에 비가 내린 것일까. 물론 그럴 수도 있겠지만, 추장이 비를 부를 수 있었던 것은 끊임없는 노력 때문이다. 비가 올 때까지 기우제를 지냈던 것이다.

노력해서 이룰 수 없는 일은 없다.

성공과 실패를 나누는 경계는 간단하다. 누가 더 참고 견디며 땀 한 방울을 더 흘리느냐이다.

강수진이 세계적인 발레리나로 우뚝 서기까지는 그녀의 피나는 땀과 눈물, 그리고 노력이 함께했다. 한 언론과의 인터뷰에서 그녀는 이렇게 말한 바 있다.

"매일 아침 침대에서 눈을 뜨면 어딘가가 아파요. 아픈 것도 무용수 생활의 일부분이죠. 오히려 아무 데도 아프지 않은 날은 내가 어제 무엇을 잘못했나, 하는 생각이 듭니다."

그녀는 하루 10시간을 연습하는 날이 허다하고 어떤 날은 19시간까지도 연습을 했다. 그 때문에 토슈즈는 금방 닳고 문드러져 한 시즌에 무려 150여 개를 버려야 했다. 물론 그녀의 발도 보기 흉할 정도로 엉망이 되었다. 자신의 발이 보기 흉하지 않으냐는 기자의 질문에 그녀는 이렇게 말했다.

"많은 사람이 온 정성을 쏟기보다는 80% 정도의 노력을 하고 나머지 20%는 자신과 타협을 하는 것 같아요. 전 타협하지 않아요. 20%도 노력으로 채우죠. 그래서 제 발이 좀 고생을 하지만 앞으로도 계속 그럴 겁니다."

타고난 천재라도 수많은 연습을 한 사람에게는 당할 순 없다.

추사 김정희는 칠십 평생에 벼루 열 개를 구멍 내고 붓을 천 자루나 망가뜨렸다지 않는가.

누구나 노력을 할 수 있다. 그러나 중요한 것은 그 노력을 얼마나 지속하느냐이다. 물은 100도에 끓기 시작한다. 1도의 고비를 넘지 못하고 99도에서 포기를 한다면 그 얼마나 안타까운 일인가.

One more ...

🌸 사는 동안
최대한 능력을 펼쳐야 한다

   시간이 흘러감에 따라 우리는 점점 죽음과 가까워진다. 하루하루가 소모되며 생명의 시간이 줄어든다. 그렇다고 두려워할 필요는 없다. 약해지고 병들어간다 해도 우리의 정신은 멀쩡하니까.

   설령 치매에 걸렸다고 해도 호흡하는 일이나 소화하는 일, 그리고 상상하는 일은 여전히 그 기능을 발휘할 것이다. 그러나 사는 동안 훈련을 통해 배워왔던 능력, 예를 들어 재능을 발휘하는 능력, 돈을 계산하는 능력, 남을 돕는 능력, 사물을 판단하는 능력 등은 쇠퇴할 것이다.

   그러므로 우리는 지금 이 순간을 소중히 지내야 하고 서둘러야 한다. 단지 죽음이 두려워서가 아니라 훈련을 통해 배워왔던 능력이 사라지기 전에 최대한 맘껏 펼쳐야 하기 때문이다.

Challenge
당신이 선택했던 마지막 도전은 무엇입니까?

나폴레옹은 수필가로 실패했으며
셰익스피어는 양모 사업가로 실패했다.
링컨은 상점경영인으로 실패했고
그랜트는 제혁업자로 실패했다.
하지만 그들 중에 어느 누구도 포기하지 않았다.
그들은 다른 분야로 옮겨가
자신에게 맞는 일을 찾아 노력했으며
결과는 우리가 알고 있는 그대로다.
―프랭크 미할릭의 『느낌이 있는 이야기』 중에서

수많은 사람은 오늘도 앞을 향해 달려간다.

더러는 넘어지는 사람도 있고 더러는 앞질러 가는 사람도 있다.

하지만 미리 단정 지을 필요는 없다. 넘어진 사람이 낙심할 필요도 앞서 달리는 사람이 우쭐할 필요도 없다. 중요한 것은 누가 조금 앞서느냐가 아니라 최후의 승리자가 누가 되느냐이다.

한 사람이 링컨에게 물었다.

"당신은 어떻게 해서 이렇게 존경받는 사람이 되었습니까? 그 비결이 무엇입니까?"

그러자 링컨은 미소를 지으며 말했다.

"제가 다른 사람들보다 더 많은 실패를 경험했기 때문입니다."

실패하면 누구나 처음에는 낙심하기 마련이다. 중요한 것은 낙심 다음에 오는 절망과 좌절이 아니라 희망을 받아들일 수 있는 대담함이다.

중국에는 '모소'라는 대나무가 있다.
이 대나무는 5년 동안 땅 밖으로 전혀 솟아오르지 않고 땅속에서 사방으로 뿌리만 퍼져 나간다고 한다. 그러므로 사람들은 답답해하고 심지어 어떤 사람들은 모소를 뽑아버리기도 한다. 그런데 모소는 5년이 지난 다음 해부터는 갑자기 자라기 시작해 불과 6주 만에 15미터이상 자란다고 한다.
우리의 인생은 마치 꽃과도 같다.
하루아침에 피는 것도 아니고 비바람과 곤충의 공격을 받아들이고 견뎌야만 아름다운 꽃망울이 맺힐 수 있다.
낙심보다는 희망을, 비난보다는 격려를, 절망보다는 도전을 선택한다면 인생은 참으로 가치 있고 성공적인 삶이 될 것이다.

One more ...

강한 의지력은 무엇이든 이겨낼 수 있다

정신적인 의지가 강한 사람은 자기 자신을 괴롭히지 않는다. 즉 무서운 상황 앞에서도 남들보다 덜 공포심을 느끼고 유혹 앞에서 욕망도 다스릴 수 있다. 쉽게 공포나 욕망에 동요되지 않는다.

공포심이나 욕망, 또는 협박 같은 것은 그저 관념일 뿐이다. 그것들을 몹쓸 상상력을 확장하여 스스로 그 두려움 안에 갇히지 않는 이상, 그것들이 당신에게 상해를 입히지 않는다. 강한 의지만 있다면 그것들은 문제가 되지 않는다.

만약 누군가가 당신의 의지를 협박하거나 괴롭힐 수 있다고 장담을 한다면 그냥 그렇게 하라고 내버려 두라. 당신이 강한 의지가 있는 한 절대로 나쁜 상태로 빠지지 않을 것이다.

스스로 결함을 만들어 내지 않는 한 아무 일도 일어나지 않는다. 다시 말해서 영혼은 스스로 자신을 괴롭히거나 방해하지 않는다면 그 무엇 앞에서도 두려울 것도 없고 상처받을 일도 없다.

그러나 육체는 다르다. 작은 위험에도, 작은 공격에도 쉽게 손상을 입는다. 그러니 스스로 다치지 않게 조심해야 한다. 아무리 강한 의지를 갖췄다 해도 육체적인 고통을 감당할 수 없다. 혹여, 육체적인 상처를 입었다면 참지만 말고 적극 주위 사람에게 표현해라. 육체적인 상처는 혼자의 힘으로 치유할 수 없고 또한 타인의 사랑과 관심을 필요로 한다.

Chance

살아오는 동안 당신이 놓쳐버린
가장 아쉬운 기회는 무엇인가요?

우리는 완벽한 기회를 기다리다가
헛되이 삶을 흘려보내는 사람들을 잘 알고 있다.
그 사람들이란 완벽한 여인을 기다리다가
사랑이 모두 지나갔음을
뒤늦게 깨닫는 머리 희끗한 노총각일 수도 있고
독립할 시기만을 찾다가 결국 아무것도 하지 못하는
야심 많은 직장 동료일 수도 있다.

—스테판 M 폴란의 『2막』 중에서

기회는 갑자기 하늘에서 떨어지는 것이 아니다.

확실한 인과관계에 의해서만 주어진다. 준비와 노력 그리고 좋은 인연이 있어야만 찾아오는 것이다.

준비 없이는 아무리 기다려도 기회는 오지 않는다. 옛말에 '양병십년 용병일일(養兵十年 用兵一日)'이란 말이 있다. 병사를 키우는 데는 10년이 걸리지만, 병사를 사용하는 데는 하루밖에 걸리지 않는다는 뜻이다.

유능한 목수가 되기 위해서는 땀 흘려 일하는 것도 중요하지만, 틈틈이 연장으로 갈고 손질하는 것이 중요하고, 무턱대고 돛을 올리기보다는 미리미리 배를 꼼꼼히 점검하고 준비해야 만선의 기쁨을 얻는 것이다.

토스카니니는 세계적인 명지휘자이기 이전에 관현악단 소속의 첼로 연주자였다. 그런데 불행하게도 젊은 나이에 악보조차 볼 수 없을 정도로 심한 근시가 찾아왔다.
"눈이 보이지 않는다고 해서 음악을 포기할 순 없어!"
그는 언제나 연주회에 나가기 전에 통째로 악보를 외워버렸다. 그런데 한 번은 연주회 직전에 지휘자가 갑자기 병원에 입원하게 되었다. 결국, 악보를 전부 암기한 토스카니니가 임시 지휘자로 발탁되어 지휘대 위에 서게 되었다. 그때 그의 나이는 불과 19세였다. 세계적인 지휘자 토스카니니가 탄생한 순간이었다.

살다 보면 뜻하지 않는 위기가 찾아오기 마련이다.
하지만 위기는 무한한 힘을 발휘하게 하기도 한다.

제2차 세계대전 중 있었던 이야기다.
영국의 크레이턴 메이브램 장군이 이끄는 부대는 뜻하지 않게 적군에게 완전히 포위되고 말았다. 부대원들은 다가오는 죽음의 그림자 앞에 절망했다. 그때 메이브램 장군이 부대원들에게 소리쳤다.
"죽음을 두려워하지 마라. 드디어 우리에게 기회가 온 것이다. 우리는 이제 한 방향이 아닌 사방으로 적군을 공격할 기회가 온 것이다. 이런 기회는 두 번 다시 없다. 자, 공격하라!"

　장군의 말을 들자, 부대원들은 가슴 속에 자리 잡고 있던 두려움은 용기와 희망으로 바뀌기 시작했다. 죽기를 각오하고 싸운 결과, 기적적으로 승리할 수 있었다.

One more ...

성급하게 얻은 것은 오래가지 못한다

　지식은 우리가 살아가는 데 많은 도움이 된다. 위험에 처해있을 때, 그 위험으로부터 빠져나올 수 있는 실마리를 제공하고 마음이 혼잡할 때, 마음을 다스릴 수 있는 위안이 되기도 하고 삶의 방향을 잃고 방황할 때, 새로운 시작을 할 힘을 준다. 그래서 그런지 사람들은 지식을 쌓기 위해 부단히 노력한다.

　그렇다고 지식을 얻기 위해 너무나 성급하게 굴면 안 된다. 지식은 하루아침에 얻는 게 아니다. 당신이 가시밭길을 걸으며 상처를 입은 후, 사막을 건너기 위해 땀을 흘린 후 비로소 천천히 찾아오는 것이다. 지식은 왕관을 쓰지 않으며 추기경의 붉은 모자도 쓰지 않고 부자의 금고를 탐하지 않는다. 다시 말해서 권력과 돈으로 살 수 있는 게 아니라는 말이다.

지식은 오직 몸으로 직접 겪어야 맛볼 수 있다. 책 속에서 얻는 지식도 지식이라고 말할 수 있지만, 체험을 통해 얻는 생생한 지식이야말로 진짜 지식이며 살아있는 지식이다. 그러니 느끼고 부딪히고 행동하며 지식을 얻어라. 그 지식은 그 누구의 것도 아닌 바로 당신의 것이다.

Curiosity
언제부턴가 생각하는 게 왜 귀찮아진 걸까요?

좋은 성적을 낸 종업원도 소중하지만
자신의 일에 호기심을 갖고,
앞장서서 일하는 사람에게는
반드시 보상을 해주어야 한다.
-GE 이멜트 회장

어릴 적 밤하늘의 무수한 별처럼 빛나던 그 많던 호기심은 다 어디로 갔을까.

바람에 이는 작은 잎사귀에도 구름처럼 일곤 했던 그 많은 의문은 모두 어디로 갔을까.

세월의 먼지가 켜켜이 어깨 위로 쌓여가며 우리는 세상 많은 것들에 대한 호기심을 버리곤 한다.

새로운 것에 대한 물음표보다는 마침표에 익숙하고 정해진 궤도만을 따라 도는 기차처럼 어제 한 일을 오늘도 반복하며 살아간다.

하지만 호기심 없는 삶은 정지된 삶과 다름이 없다. 수많은 천재를 낳았던 일등공신은 현상에 대한 끊임없는 호기심과 의심이었음을 잊지 마라. 호기심이야말로 개인의 행복과 능력을 유지하고 키워줄 수 있는 최고의 덕목임도 잊지 마라.

베네통은 창립 40주년을 맞아 파리의 조르주 퐁피두 예술센터에서 패션쇼를 열었다.

진행된 패션쇼에는 수십 명의 모델이 베네통 특유의 화려한 원색 의상을 선보였다. 이 패션쇼의 대미는 루치아노 베네통 회장이 40명의 어린이와 함께 나타나 인사를 하는 것으로 끝을 맺었다. 이날, 기자회견에서 한 기자가 베테통 회장에게 질문했다.

"회장님, 세계적인 기업으로 성장할 수 있었던 원동력은 무엇입니까?"

그러자 베네통은 한 치의 망설임도 없이 말했다.

"작은 회사를 세계적인 기업으로 바꾼 힘은 바로 호기심입니다. 젊은이들의 세계와 취향을 이해하려는 호기심 말입니다."

호기심은 창조와 발명의 출발이고 성공의 밑거름이며 세상에 관한 관심이자 내 일에 대한 적극적인 태도이다. 비천하고 보잘것없는 것도 호기심의 마술을 빌리면 위대한 피조물로 탈바꿈하게 된다.

호기심은 관심이다. 호기심은 열정이다. 호기심은 성공이다. 하루에도 수십, 수백 번 '왜'라는 질문을 던져라. 호기심이야 당신을 아주 특별한 성공의 길로 이끌 것이다.

One more ...

한곳에 오래 머문 생각은 지루하고 권태롭다

아무리 웅변술이 뛰어난 연설가라도 그 웅변이 너무나 길면 듣는 사람은 지루해한다. 연설가 역시 얼마나 힘들까.

한 지역을 이끄는 영주나 한 나라를 지배하는 왕도 매일 권좌에 앉아 일을 본다면 심신이 많이 고단하고 삶이 권태로울 것이다.

그러므로 그들도 가끔은 오락을 즐기기도 어떤 날은 사냥을 나가 자연과 호흡하기도 한다. 또한, 백성과 만나 그들의 얘기를 듣기도 하고 자신의 위상을 널리 알리기도 한다.

이처럼 무엇이나 오래 계속되면 지루함을 느끼고 권태로움에 빠지기 마련이다. 지금의 소중함을 느끼기 위해, 또한 더 발전된 나를 기대한다면 지금 머물고 있는 곳을 과감히 떠나야 한다. 그렇다고 완전히 떠나서 돌아오지 말라는 게 아니다.

자연의 순환처럼 하면 된다. 추위가 오래되면 따스함이 찾아오고 더위가 이어지면 시원함이 찾아오듯 '갔다가 다시 돌아오는' 자연의 순환을 배워야 한다.

변치 않고 하나만 지속하는 단조로운 삶, 그건 정지된 것과 다를 바 없다. 이제 낯선 곳에서 새로운 나를 만나라.

Healing chair

넓고 너그러운 마음 갖기

물이란 본디 산 정상에 머물지 않고
계곡을 따라 흘러가는 법이다.
이처럼 진정한 미덕은 다른 사람보다
높아지려고 하는 사람에게는 머무르지 않으며
겸손하고 낮아지려는 사람에게만 머무는 법이다.
-탈무드

바람이 몹시 불고 추운 겨울날, 노승이 시골 논두렁 좁은 길을 걸어가고 있었다. 논두렁 한가운데쯤 왔을 때 맞은편에서 말을 타고 오는 젊은이와 마주쳤다.

젊은이는 인상을 찌푸린 채 거만한 말투로 말했다.

"나는 갈 길이 급하니까 어서 비켜요."

노승은 젊은이에게 길을 내어주려고 몸을 옆으로 돌렸다. 그러나 워낙 좁은 길이라 그런지 말이 지나갈 여유가 없었다.

젊은이의 얼굴은 더욱 굳어졌다. 그러더니 노승에게 버럭 화를 냈다.

"당신 때문에 지금 오도 가도 못하고 있잖아. 어서 길을 내주지 않고 뭐 하는 거요. 어서 비켜요."

노승은 몸을 더 납작하게 만들어 길 가장자리에 아슬아슬하게 서 있었다.

젊은이가 탄 말은 한 걸음 한 걸음 걸어갔다. 가까스로 말이 지나갈 정도의 길이 열렸다. 그런데 젊은이는 노승 앞에 도달했을 때, 말을 탄 채 한 발로 갑자기 노승의 가슴을 걷어찼다.

"저리 비켜!"

"어~어~ 사람 살려!"

노승은 양팔을 허우적거리다가 그만 물이 고인 논바닥으로 자빠지고 말았다.

"감히, 내가 누군지도 모르고…."

젊은이는 아랫입술을 치켜세우며 건방지게 말했다. 그리고 뒤도 돌아보지 않고 갔다. 그런데 갑자기 젊은이가 가는 길을 멈추고 제자리에 멈춰 섰다.

"내 신발 한 짝이 어디로 사라진 거야."

젊은이는 말에서 내려 논두렁 가운데까지 다시 걸어왔다. 아마도 노승을 발로 걷어찰 때 한쪽 가죽신이 벗겨진 모양이다.

젊은이는 고개를 쭉 내밀고 주위를 두리번거렸다. 가죽신 한 짝이 흙탕물 안에 박혀 있었다.

'저걸 어쩌지? 내가 흙탕물 속으로 들어갈 수도 없고…'

그때였다. 흙탕물에 젖은 옷을 찬물에 씻고 있던 노승은 논 가운데 떨어져 있는 가죽신을 보고 다시 흙탕물 속으로 들어갔다.

노승은 가죽신을 주워 찬물에 깨끗이 씻었다. 그리고 젊은이에게 공손하게 내밀었다.

"여기 가죽신 있습니다. 자, 받으시죠."

젊은이는 어찌할 줄 몰라 했다. 노승에게 한 자신의 행동이 너무나 부끄럽고 창피해 도저히 신을 받을 수 없었다.

"어르신, 제가 잘못했습니다. 저의 무례함을 용서해 주십시오."

젊은이는 논두렁 위에 무릎을 꿇은 채 노승에게 용서를 구했다. 노승은 그저 미소만 보일 뿐 아무 말도 하지 않았다.

함박눈이 아름다운 이유를 아는가?

연인들의 마음을 설레게 하기 때문만은 아니다. 아름다운 한 폭의 풍경화를 만들기 때문만도 아니다.

함박눈이 아름다운 이유는 세상의 모든 허물과 아픔 그리고 상처를 따뜻하게 덮어주기 때문이다.

남의 잘못을 질책하기보다는 자신의 따뜻한 마음으로 감싸 안아주는 그 넓은 하얀 마음, 함박눈이 참으로 필요한 세상이다.

내 잘못은 모르고 남의 잘못만 비난하고 남의 단점을 들추고 남의 치부를 찌르는 건 비겁한 행동이며 상처를 주는 일이다. 남이 곤경에 빠지면 나 자신이 조금 더 좋은 기회를 잡을 수도 있고 우월해질 수도 있겠지만 그건 착각이다. 남을 짓밟고 올라간 자리, 남을 무시하고 얻은 영광, 그게 다 무슨 소용이겠는가? 진정한 승리는 남을 위해 내가 무언가를 해줬을 때, 그때가 가장 값진 것이다.

당신이 먼저 함박눈이 되어 가슴 시린 이들의 마음 한편에 소복이 쌓이는 건 어떨까. 당신이 먼저 다가가 그들의 숨기고 싶은 것들을 덮어주면 어떨까. 남을 위한 일들은 결국 나를 위한 일이다.

Self-sacrifice
기꺼이 가장 소중한 것을 내놓을 수 있나요?

그들이 만약 우정 때문에 당신에게 복종한다면
당신은 그들을 배신하는 셈이 된다.
당신에게는 개인으로서 남에게 희생을 요구할 권리 따위는
전혀 없기 때문이다.
-생텍쥐페리

어느 비 오는 날, 당신의 우산 속에 낯모르는 이가 들어왔다. 조금만 우산을 잘못 받쳐 들면 둘 중 한 명의 어깨는 몹시도 젖을 것이 틀림없다.

이제 당신은 어떻게 할 것인가. 조금이라도 비를 더 피하고자 서로 어깨를 부딪쳐가며 밀고 당기겠는가. 내 어깨가 젖더라도 옆 사람을 위해 우산을 슬며시 밀어주겠는가.

때로는 희생이 필요하다. 내가 가진 것은 그 무엇이라도 잃지 않겠다는 몸부림보다 추한 것은 없다. 양손 가득 무언가를 쥐고서는 새로운 무언가를 가질 수 없다.

하나를 버려야만 새로운 하나를 얻을 수 있는 것, 그것이 바로 우리의 인생이다.

세계적인 커피 체인점 스타벅스를 성공하게 한 하워드 슐츠는 이런 말을 했다.

"성공은 매일매일 조금씩 성취해 나가는 것이다. 결과를 당연하게 여기지 않고 가치를 부여하는 것, 자신을 믿는 것, 용기를 갖는 것 그리고 기꺼이 자기 자신을 과감히 희생하는 것, 거기에 성공이 있다."

희생 없는 성공은 없다. 잠깐의 이익에 눈이 멀어 희생을 멀리한다면 성공은 그림 속의 떡일 뿐이다. 비록 소금은 녹지만 짠맛을 내듯 촛불은 타지만 한없이 주위를 밝혀주듯 희생은 큰 성공과 행복을 얻을 수 있는 비료와도 같다.

프로야구 초창기 시절 '권두조'라는 이름의 선수가 있었다.

오래도록 선수생활을 했지만, 성적은 볼품없었다. 그 흔한 홈런 하나 없고 0.223의 타율로 최하위권의 성적이었지만 이리저리 팀을 옮겨 다니면서도 1983년 가을부터 1987년 은퇴하기까지 무려 433경기 연속출장이라는 대기록을 세웠다. 홈런이나 안타를 많이 치는 것도 아닌 그에게서 이러한 기록은 어떻게 나올 수 있었던 것일까.

해답은 바로 희생이었다.

그는 자신이 직접 홈런과 안타를 치는 대신 희생타와 번트를 선택했다. 그 결과 프로야구 원년 번트왕이 되었으며 1984년까지 세 시즌 내내 희생번트 왕이었다.

그 역시 방망이를 맘대로 휘두르고 싶었을 것이다. 팬들의 환호 속에서 빛나는 경기장을 질주하고 싶었을 것이다. 그러나 그에게 중요한 것은 자신의 기록보다는 팀의 승리였다. 아무도 알아주는 이가 없어도 묵묵하게 자신의 길만을 걸었던 것이다.

One more ...

얻으려는 자는 잃을 것이다

처음에는 부(富)를 원한다.

그다음에는 건강을 원한다. 그다음에는 안락한 삶을 원한다. 그리고 이 세상 모든 것을 다 가진 다음에는 마지막으로 명예를 원한다. 이처럼 인간의 욕심은 시간이 갈수록 늘어난다.

남들보다 자기가 우월하다고 착각하는 사람들은 하나같이 명예를 중요시한다. 돈으로 살 수 없는 게 명예이다 보니 세상 사람들에게 존경받지 못하면 그들은 답답해하고 분노를 느낀다.

그래서 세상 사람들을 미워하고 증오한다. 그러나 그들은 멈추지 않는다. 어떻게든 명예를 얻고자 온갖 방법을 다 동원한다. 마음에도 없는 너그러움으로 세상 사람들의 마음을 얻기도 하고 거짓된 웃음으로 자신을 아름답게 포장하기도 한다. 또한, 인간을 매우 경멸하고 인간을 짐승처럼 취급했던 기억을 잠시 잊고 인간이야말로 최고의 존재임을 외치고 다닌다.

그들은 명예를 얻는다. 그러나 결국, 인생 전부를 잃고 만다.

Repentance
이것만은 되돌려놓았으면 좋겠다고 생각한 게 뭔가요?

> 나는 항상 삶의 마지막 날이 오면 어떻게 살아야 할까,
> 살날이 딱 하루밖에 남지 않았다면 무엇을 할까,
> 그 생각으로 살았다.
> 그러다가 하루하루가 그 마지막 날처럼
> 소중하다는 걸 깨달았다.
> 그리고 하루하루를 마지막 날처럼
> 의미 있게 잘사는 게 인생을 잘 사는 것이란 걸 깨달았다.
> 인생이란 하루하루가 모여서 되는 것이니까.
> ―짐 스토벌의 『최고의 유산 상속받기』 중에서

지금 알고 있는 걸 그때 알았더라면 우리는 정말 후회하지 않고 살아갈 수 있을까? 한 달이 지나고, 1년이 지나고, 10년이 지날 때마다 후회의 성찬을 차리지 않을 수 있을까?

행복과 성공은 시도하지 않고 후회하는 사람의 것이 아니라 앞날을 향해 무소의 뿔처럼 달려나가는 사람의 것이다. 한숨을 내쉬고 어제의 일에 매달려서 할 수 있는 일은 아무것도 없다.

스물여덟 살의 CEO 패션디자이너 이현찬 군은 최상위권을 달리

던 고등학교 성적대로라면 무난히 명문대의 인기학과에 진학할 수 있었다. 그러나 의상 디자이너를 꿈꾸던 그는 부모님의 반대에도 무릅쓰고 의상디자인학과를 선택했고, 동대문 원단상가에서 일하면서 학업과 실무디자인을 병행했다. 1,000원짜리 백설기로 점심을 때워가며 뼈를 깎는 노력 끝에 그는 자신의 이름을 내건 디자인 회사의 젊은 CEO가 될 수 있었다. 그는 말한다.

"여러분, 지금의 시간이 다시 돌아올 수 있다면 어떡하시겠어요? 저는 후회하지 않으려고 발버둥을 칠 것 같습니다. 그 무엇보다도 꿈을 갖고 꿈을 키우기 위해 땅을 다지고 씨를 뿌리려고 준비를 할 때인 것 같습니다. 한 번뿐인 삶입니다. 멋있게 사십시오. 남들처럼 아니라 남들보다 멋있게요."

만약 일주일 후 당신의 생이 마감된다면 어떤 후회가 밀려올까? 여기, 사람이 죽기 전에 하게 된다는 세 가지 후회에 관한 짧은 글을 옮겨본다.

첫 번째는 '베풀지 못한 것에 대한 후회'이다.

가난하게 산 사람이든 부유하게 산 사람이든 죽을 때가 되면 '좀 더 주면서 살 수 있었는데…. 이렇게 긁어모으고, 움켜쥐어 봐도 별 것 아니었는데 왜 좀 더 나누어주지 못했고 베풀며 살지 못했을까? 참 어리석게 살았구나.' 이런 생각으로 자꾸만 후회가 든다고 한다.

두 번째는 '참지 못한 것에 대한 후회'이다.

'그때 내가 조금만 더 참았더라면 좋았을 걸, 왜 쓸데없는 말을 하고 쓸데없이 행동했던가?'라는 후회이다. 당시에는 내가 옳다고, 그것이 최선이라고, 그럴 수밖에 없었다고 생각했지만 지나고 보니 좀 더 여유를 가지고 참았더라면 내 인생이 조금은 달라졌을 텐데 참지 못해서 일을 그르친 것이 후회된다는 것이다.

세 번째는 '좀 더 행복하게 살지 못한 것에 대한 후회'이다.

'왜 그렇게 빡빡하고 재미없게 살았던가? 왜 그렇게 짜증스럽고 힘겹고 어리석게 살았던가? 얼마든지 기쁘고 즐겁게 살 수 있었는데….'라며 복되게 살지 못한 것을 후회하고 이러한 나 때문에 다른 사람들마저 힘들게 한 삶을 살았던 것에 대해 후회한다고 한다.

One more …

인생학교에서 최고의 성적을 얻어라

사람들은 그 누구도 남의 보호나 속박에서 벗어나기를 원한다. 심지어 아이들도 마찬가지다.

처음에는 부모의 보호가 편안하고 심적으로 안정을 가져다주지만 조금 자라면 부모의 보호 밖으로 나가려 한다.

어른이 되면 더더욱 자유를 갈구한다. 규율로부터, 회사로부터, 도덕으로부터, 교회나 가족의 테두리에서 벗어나길 꿈꾼다. 그러나 자칫 자유가 잘못된 방향으로 흐를 수 있다.

공허감이나 야비한 향락욕, 또는 염세주의에 빠져 마침내 인생 자체가 파괴될 수 있다.

우리가 벗어나고자 발버둥친 것들은 어쩌면 우리를 더 자유롭게 만드는지도 모른다. 자유가 주어진다고 해서 행복한 건 아니라는 것이다.

진정한 자유에 이르기 위해서는 먼저 자신을 옭아매는 것들로부터의 탈출이 아닌 먼저 자신으로부터의 자유가 필요하다.

사람들은 그 누구도 남의 보호나 속박에서 벗어나기를 원한다. 심지어 아이로부터의 자유를 느껴야 한다.

그런 자유만이 진정으로 행복을 가져다줄 수 있다. 아울러 남의 복지를 위해 자기를 헌신한다면 더 큰 자유를 얻을 수 있을 것이다.

나로부터 자유, 타인에게 봉사.

이것이야말로 인생학교에서 얻을 수 있는 최상의 성적이며 인간의 진정한 도리이다.

Promise
지키지 못할 약속은 아예 하지 않는 게 좋아요

언제나 바르게 행동하라!
특히, 아이들을 대하는 데 있어서
바르게 행동하라!
아이들과 약속한 것은 꼭 지켜라!
그렇지 않으면 당신은 아이들에게 거짓을 가르치는 것이다.
-탈무드

누구나 한 번쯤은 손목시계를 바라보며 친구를 기다린 적이 있을 것이다. 발을 동동 구르며 이제는 오겠지, 하고 기웃거려보지만, 친구는 여전히 오지 않고 무심히 시간만 흘러간다.

슬슬 화가 나고 짜증이 나기 시작하는 당신, 한참 후에 어슬렁거리며 태연하게 나타나는 친구. 한 대 쥐어박고 싶지만 그래도 친구니까, 쉽게 용서할 수 있고 이해를 한다.

여기까지다. 약속을 제대로 지키지 않고도 한두 마디 변명으로 넘어갈 수 있는 것은….

계약을 하기로 한 날짜에 약속을 어긴다거나 면접을 보기로 한 시간보다 늦게 도착하거나 거래처에 입금해주기로 한 날짜를 무작정 넘긴다면, 그 순간 서로의 관계는 마침표를 찍고 만다.

한 번 내뱉은 약속은 반드시 지켜야 한다. 그것이 사소한 약속이라면 더더욱 지켜야 한다. 그 사소한 약속 하나가 당신을 평가하는 기준이 되기 때문이다.

드러머이자 라디오 DJ 남궁연의 일화다.
그는 한 라디오 방송의 상담 코너에서 여성 청취자와 결혼에 관한 이런저런 고민을 나누다 만약 그녀가 결혼한다면 사회를 봐주겠다고 약속을 했다. 몇 달 후 마침내 결혼을 앞둔 그녀는 남궁연 씨가 사회를 봐주겠다는 말이 그저 농담이겠거니 하고 넘어가려다가 혹시나 하는 마음에 방송국을 찾아갔다.
하지만 그녀를 만난 남궁연은 자기 일처럼 기뻐하며 약속대로 결혼식의 사회자로 참석했고 그녀의 결혼식은 더더욱 빛을 발했다.

'깨진 유리창 법칙'이란 것이 있다.
뉴욕에 있는 어떤 빈집에 누군가 돌을 던져 한 장의 유리창이 깨졌다. 아무도 살지 않는 집이었기에 유리창을 갈아 끼우는 사람은 없었다. 며칠 뒤 그 건물의 모든 유리창이 누군가에 의해 파손되었고 마침내 그 거리는 슬램가로 변해버리고 말았다. 단 한 번의 잘못된 시작은 얼마나 큰 그릇된 결과를 가져오는가.
약속도 마찬가지다. 자신의 인생을 불신과 원망으로 얼룩지게 하고 싶다면 약속을 어기는 것이 가장 쉽고 빠른 방법이다.

One more ...

나는 남이 평가하는 게 아니라 나 자신이 평가한다

흔히 사람들은 남을 사랑한다고 말하지만 어쩌면 가장 사랑하는 사람이 자기 자신인지도 모른다. 또한, 남의 생각을 존중한다고 말하지만 자기 생각을 가장 믿고 생각하고 가장 존중한다.

그런데도 자기 자신을 평가할 때는 유독 다른 사람들의 의견을 더 존중한다. 그리고 만에 하나 다른 사람이 자기를 나쁘게 평가한다면 화를 내고 그 사람을 멀리하게 된다.

반면 다른 사람이 나를 좋게 평가하면 그에게 친절을 베풀고 웃음을 보인다. 그러다 보면 거짓이 난무하게 되고 사람에 대해 정확히 평가할 수 없게 된다.

다른 사람에게 좋은 평가를 받고 싶다면 자기 자신에게 부끄러운 일을 하지 않으면 된다. 다른 사람이 나를 어떻게 생각하느냐가 중요한 게 아니라 나 스스로 내가 어떤 사람인가, 하고 생각하는 게 더 중요하다는 것을 알아야 한다.

Reclamation
운명대로 살 건가요 아니면 개척할 건가요

한 방향으로 바람이 불지만
어떤 배는 동쪽으로 향하고 어떤 배는 서쪽으로 향합니다.
거대한 바다에서 항해의 방향을 결정하는 것은
바람의 방향이 아니고 각각의 배에 달려 있는 돛입니다.
-김인경 『지치고 힘들 때 읽는 책2』 중에서

인간이 태어날 때부터 부여받는 길흉화복을 '운명'이라 한다. 일찍이 동양에서는 사주팔자라 하여 운명론을 뒷받침했고 서양에서는 별자리를 이용한 점성술로 그들의 미래를 엿보았다.

하지만 사람의 운명이 진정 태어날 때부터 정해져 있다면 그 얼마나 허망한 일인가? 같은 날, 같은 시각, 같은 얼굴로 태어난 쌍둥이도 생각이 다르고 사는 모습이 다르다.

정해진 운명이란 없다. 하얀 도화지에 그려지는 수채화처럼 우리의 인생은 스스로 만들어 갈 수 있다.

국어 선생님께서 칠판에 여덟 팔(八) 자를 크게 쓰고는 학생들에게 "이게 무슨 글자인가요?"하고 물었다. 한 학생이 대답했다.
"팔자입니다."

그러자 선생님은 八자 앞 획을 길게 늘어뜨렸다. 그러자 다른 학생이 웃으며 말했다.

"선생님, 八자가 나쁩니다."

이번에는 뒤 획도 길게 늘어뜨렸다.

"八자가 늘어졌습니다."

이번에는 늘어뜨린 것을 지우니 팔자가 원래대로 됐다.

"선생님, 八자가 좋아졌습니다."

잦은 실패 때문에 힘들어질 때, 어떤 이들은 한숨을 내쉬며 자조 섞인 말투로 말한다.

"그럼 그렇지. 나 같은 놈이 성공하겠어. 난 애초에 실패할 팔자야!"

이렇게 자신을 원망하고 세상을 한탄한들 무슨 소용이 있을까. 문제를 해결하기는커녕 자신의 앞길을 스스로 틀어막는 꼴이다.

거센 물살을 거꾸로 헤엄치는 연어와 같은 의지를 갖춰라. 의지 있는 자에게 운명은 말랑말랑한 젤리와도 같아서 어떤 모양으로든 만들 수 있다.

이런 말이 있다.

"눈의 색깔을 바꿀 수는 없지만, 눈빛은 바꿀 수 있다. 귀로 나쁜 소리를 듣지 않을 수는 없지만, 들은 것은 잊어버릴 수 있다. 입의 크기는 바꿀 수 없지만, 입의 모양은 미소로 바꿀 수 있다. 빨리 뛸 수는 없지만 씩씩하게 걸을 수는 있다."

지금 이 순간 스스로 운명의 모습을 바꿀 메스를 잡아라.
불필요한 것들은 모두 잘라내고 새로운 기운과 새로운 삶을 덧붙여라. 그리하면 분명 운명의 주인이 될 것이다.

One more …

고난은 멋진 인생으로 달려가는 길이다

고난이 인간을 한없이 나락으로 추락시키는 것만은 아니다. 고난은 어쩌면 인간이 얼마나 강인한지를 시험하고 있는지도 모른다. 고난은 알고 있다. 인간에게 굴복당한다는 것을. 그럼에도 고난은 인간에게 덤빈다.

그 이유는 분명 나약한 인간들이 존재하기 때문이다. 견딜 수 있는데, 이겨낼 수 있는데 고난에 무릎을 꿇고 마는.

고난을 긍정적으로 봐야 한다. 당신을 강하게 만들기 위한 과정이다. 그러나 반대로 환락은 사람을 한없이 약하게 만들고 마음을 병들게 한다. 그렇다고 환락이 다 나쁜 건 아니다. 고난을 용감하게 견뎌 내면서 그 사이사이에 맛보는 달콤한 환락과 휴식은 해롭지 않다.

오히려 삶에 대한 강한 희망을 불러일으킨다. 고난 안에는 그것을 이겨냄으로써 맛볼 수 있는 환락을 어느 정도 담고 있다.

만약 당신이 멋진 인생을 살고자 한다면 환락보다는 고난 쪽을 더 좋아해야 한다. 그 고난의 길은 올바른 길이며 당신을 빛나게 하는 길이다.

Confidentness
고개 숙이지 말고 당당한 모습을 보여주세요

나는 등을 보이지 않는다.
상대가 싸움을 걸어오면 기꺼이 싸워라.
그 정도 패기도 없다면 모든 것을 그만둬라.
남자는 죽을 때까지 싸운다.
극진은 등을 보이지 않는다. 그게 나의 역사다.
―최배달

인생의 길이는 그 누구도 자유자재로 조절할 수 없다. 그러나 자신의 의지만 있다면 그 넓이와 깊이를 조절할 수 있다.

살다 보면 누구나 견고한 벽 앞에 서게 된다. 그 벽은 산처럼 높고 바다처럼 깊어 결코 넘을 수 없을 것처럼 보이지만 '패기'만 있다면 그다지 어려운 일도 아니다.

어떤 어려움도, 어떤 불가능도 극복할 수 있다는 믿음, 패기는 모든 것을 가능케 한다.

스위스 로잔스쿨에서 학생회장으로 한국 학생이 선출되었다.

그의 이름은 안지원. 올해로 개교 113년을 맞는 세계 최고의 호텔학교인 로잔스쿨에서 아시아 학생이 학생회장이 된 것은 처음이다.

로잔스쿨 재학생 1,400여 명 중 한국인은 32명에 불과하고 나머지는 스위스를 비롯한 유럽 출신의 학생들이다. 안지원 군은 투표 참가 학생 중 67%의 지지를 얻었다.

그가 학생회장이 될 수 있었던 비결은 무엇일까?

안지원 군은 한 언론과의 인터뷰에서 이렇게 말했다.

"동양 학생들은 외국 유학을 와서도 자기들끼리만 어울린다는 그런 편견을 없애고 싶었어요. 기죽지 않는 게 제일 중요해요. 패기가 있어야 해요. 제가 먼저 인사하고 친구들에게 다가갔지요. 실습 시간에 무거운 짐도 들어주고 주말이면 같이 운동도 했죠. 그랬더니

친구가 매일매일 늘어났어요. 중요한 건 어려운 일도 극복할 수 있는 마음, 패기에요."

호주의 60대 할아버지가 5,500km의 거리를 100일 동안에 주파하는 초인적인 괴력을 보였다. 5,500km는 마라톤을 130번 달리는 것과 같은 거리다. 출발하기에 앞서 그는 이렇게 말했다.
"누군가가 그런 일을 해낼 수 있다면 그것은 바로 나일 것입니다. 패기와 자신감이 모든 것을 가능하게 만들 것입니다."
그의 부인인 스크바릴 할머니는 남편의 패기와 도전정신을 감탄하며 이렇게 말했다.
"그는 달리기하는 그 순간에도 새로운 도전거리에 대해 생각할 겁니다."

One more ...

지금의 것이 가장 소중한 것이다

불행한 자는 하나같이 지나간 것에 미련을 버리지 못하고 또한, 아직 오지 않는 미래에 대해 불안감과 걱정을 미리 한다. 또한, 그들은 손안에 쥐고 있는 행운도 몰라본다.

그것이 손안에서 떠난 뒤에야 '아' 하고 뒤늦게 후회하며 행운을 다시 달라고 애걸한다.

현명한 사람이라면 지금의 것의 가치를 알아야 한다.

옆에 있는 친구가 그 누구보다도 더 소중하고 내 옆을 지켜주는 애인이나 아내가 얼마나 아름다운 사람인 줄 알아야 한다. 그들이 떠나고 죽은 뒤에 한숨을 내쉬어도 소용없다. 또한, 직장도 마찬가지다.

일할 때는 직장의 소중함을 모르지만 잃은 후에는 직장이 얼마나 소중한지 알게 된다. 평화나 자유도 마찬가지다. 누리고 있을 때는 모르다가도 전쟁이나 억압이 나를 짓누를 때 비로소 그것의 소중함을 깨닫는다.

대부분 사람이 이처럼 기회를 놓치고 행복을 잃고 세상으로부터 쫓겨나서야 자기 불행을 한탄한다.

그때는 이미 늦은 것이다. 그런 후회를 하지 않기 위해선 자기 안에 있는 행운의 가치를 알고 그것을 지키도록 노력해야 한다. 아무리 보잘것없지만, 남들에게는 부러운 것일 수도 있다. 또한, 어쩌면 행운과 행복의 전부일 수도 있다. 그것을 잊지 마라.

Pardon
누군가를 진심으로 용서한 적이 있나요?

가장 무서운 죄는 두려움
가장 좋은 날은 바로 오늘
가장 무서운 사기꾼은 자기를 속이는 자
가장 큰 실수는 포기해 버리는 것
가장 치명적인 타락은 남을 미워하는 것
가장 어리석은 일은 남의 결점만 찾아내는 것
가장 아름다운 믿음의 열매는 기쁨과 온유함
가장 나쁜 감정은 질투
그러나 가장 좋은 선물은 용서

–프랭크 크레인

용서는 '사랑의 최상품'이다.

용서는 내 안의 응어리진 상처를 스스로 치유하게 하고 다시 회복할 기회를 선사하며 부정을 긍정으로, 어둠을 빛으로, 과거를 희망으로 바꾸어준다.

춘추전국 시대 초나라 장왕 때의 일이다.

장왕이 신하들과 함께 연회를 베풀던 중 갑자기 세찬 바람이 불어켜 놓았던 등불이 모두 꺼져버렸다. 순간 장왕이 아끼던 애첩의 비명이 들렸다. 어둠을 틈타 신하 중의 하나가 애첩을 희롱한 것이다.

애첩은 흐느끼며 장왕에게 고했다.

"전하, 소첩을 희롱한 자의 갓끈을 끊어 놓았으니 어서 불을 켜고 갓끈 하나 없는 자를 처벌하옵소서."

연회장은 찬물을 끼얹은 듯 조용했다. 애첩을 희롱한 자는 큰 벌을 면치 못할 것이었기 때문이다. 잠시 후 장왕은 큰 소리로 말했다. "지금 과인의 애첩이 이 자리의 신료 중 한 사람을 처벌해달라 말하고 있으나 술에 취해 다소 과한 행동이 있었기로서니 어찌 그 죄를 물을 수 있겠소. 이 자리에 있는 모든 신료는 갓끈 하나씩을 끊어 버리도록 하시오. 그리고 나머지 술들을 마셔보십시다."

자신의 애첩을 희롱한 신하를 용서하고 아무도 그의 실수를 알 수 없도록 한 장왕의 배려에 모든 신하는 감격해 마지않았다.

수년이 흘러 초나라는 천하를 두고 진나라와 격전을 벌이게 되었고 장왕의 무리는 적의 습격을 받아 위급한 지경에 이르렀다. 이때 한 장수가 일군의 무리를 이끌고 와 난전 끝에 적을 물리치고 장왕을 사지에서 구해냈다. 하지만 이 와중에 장수는 깊은 상처를 입고 목숨이 위태로워졌다.

"과인의 목숨을 구해주었으니 무엇으로 보답해야 할지 모르겠소."

애처롭게 자신을 바라보는 장왕에게 장수는 희미한 미소를 지으며 말했다.

"이미 전하께서 신을 한번 살려주셨으니 보답이란 가당치 않습니다. 몇 년 전 전하께서 아끼시던 애첩을 희롱한 자가 바로 신이옵니다. 전하의 용서가 아니었더라면 신은 그때 치욕스럽게 죽었을 것입니다. 이렇듯 전장에서 영예롭게 죽을 수 있으니 그저 행복할 뿐이옵니다."

말을 마친 장수는 조용히 눈을 감았다.

용서는 영혼의 치료 약이다.
용서의 빛은 먼지를 빛나게 하고 용서의 물은 흙탕물을 정화하며 용서의 씨앗은 사막에서도 꽃을 피운다.

베트남 전쟁의 참상을 상징적으로 보여주는 한 장의 사진이 있다. 화염을 피해 알몸으로 달아나며 울부짖는 소녀의 사진이다.

1972년 6월 8일, 미군 전투기가 베트남 사이공 근교에 네이팜탄을 투하하기 시작했다. 주민은 쓰러졌고 마을은 불바다가 됐다. 그때 전신에 3도 화상을 입은 채 알몸으로 울부짖으며 달아나던 벌거숭이의 한 소녀가 카메라 앵글에 포착됐다.

소녀의 이름은 판티 킴푹, 당시 나이 9세였다. 네이팜탄에 등과 목덜미, 왼팔을 부상당한 소녀는 사이공 인근 병원으로 후송돼 17번에 걸친 피부이식수술 끝에 간신히 목숨을 구할 수 있었다.

수십 년이 지난 지금, 한 아이를 둔 평범한 엄마가 된 그녀는 다음과 같이 말한다.

"이미 오래전에 모든 증오심은 나에게서 떠나갔습니다."

One more ...

용서하되, 자신에게 강요할 필요는 없다

잘못을 저지른 이를 쉽게 용서 못 하는 것도 인간이고 또한 잘못을 저지른 이까지도 사랑할 수 있는 게 인간이기도 하다. 당신은 어느 쪽인가? 잘못을 저지른 이도 사랑으로 감쌀 수 있는 경지에 오르길 바란다.

잘못을 저지른 이를 용서하고 사랑하기 위해선 이런 생각을 해야 할 것이다. 그 사람은 나의 형제이고 나의 친구이며 나 자신이라는 생각. 그런 생각을 한다면 조금 더 사랑의 마음이 생길 것이다. 또한, 그 사람이 잘못을 저지른 이유는 어떤 의도가 있어서가 아니라 무지(無知)로 말미암은 실수였다고 생각한다면 그 사람을 조금 더 안을 수 있을 것이다.

그렇다고 용서를 자신에게 강요할 필요는 없다. 자칫 강요된 용서는 더 큰 거짓을 낳고 혼돈에 빠지게 하여 자기 마음을 괴롭힐 수 있다. 그러니 진심으로 감싸 안을 만한 결심이 설 때 그때 용서하고 사랑해라. 마음이 가야 손길이 가는 것이므로.

Help
남을 도울 수 있다는 건 축복입니다

한 송이의 꽃은 남에게 봉사하기 위해
아무것도 할 필요가 없다.
오직 꽃이기만 하면 된다. 그것으로 충분하다.
만일 그가 진정한 인간이라면
온 세상을 기쁘게 하기에 충분하다
-틱 낫한

한 나라를 개국한 위대한 왕도 모든 백성에게 존경을 받는 것은 아니다. 반대편에는 그를 비판하는 세력이 있기 마련이다. 하지만 마음속에 봉사와 사랑의 집을 지은 사람은 누구에게나 존경과 섬김을 받는다.

한 미술가가 있었다.
그는 4세 때 홍역을 심하게 앓고 난 뒤, 후유증으로 7세 때 청각장애 증세가 나타났다. 답답한 마음에 그는 그림을 그리기 시작했다. 그 후, 청년이 되고 노인이 될 때까지 한평생 그림을 그리며 살았다.
그는 그림을 그려 번 돈으로 청읍회관을 설립하고 매년 1억 원이 넘는 돈을 어려운 이웃들을 위해 기부했다. 화가의 이름은 바로 운

보 김기창 화백이다.

한국 미술사에서도 위대한 업적을 남겼지만 그를 더욱 빛나게 하는 것은 바로 그의 사랑이 있었기 때문일 것이다. 어느 시상식에서 그는 이런 말을 했다.

"예술이란 아름다움을 추구하는 것인데 궁극적인 아름다움은 남을 위한 봉사에서 찾을 수 있습니다. 작업을 통해서는 정적(靜的)인 기쁨을 얻을 수 있고, 봉사를 통해서는 동적(動的)인 기쁨을 얻을 수 있습니다."

받는 사랑보다 더욱 큰 것은 주는 사랑이다.
남녀 간의 사랑도 마찬가지요, 이웃 간의 사랑도 매한가지다. 성공한 리더가 아닌 존경 받는 리더가 되려면 가장 밑바닥에서 아랫사람을 섬기고 보살피고 사랑을 베풀어라.

어느 날 테레사 수녀에게 한 청년이 물었다.
"수녀님, 부유해서 편안하게 사는 사람을 보면 부럽지 않으세요? 평생 이렇게 사는 것에 만족하십니까?"
그러자 테레사 수녀는 빙그레 웃으며 말했다.
"허리 굽히고 섬기는 사람에게는 위를 쳐다볼 시간이 없습니다."

One more ...

🌸 마음이 담긴 관심은 보일러 같은 것이다

관심이라고 해서 모든 것이 다 좋은 건 아니다. 자기 욕심을 채우려는 관심, 무언가를 얻기 위한 소유욕 강한 관심 등과 같이 열렬한 반응은 오히려 상대방을 부담스럽게 하고 자기 자신도 불행에 빠지게 한다.

그러니 상대방에게 관심을 기울이려면 따뜻함이 필요하다. 욕심이나 소유욕으로 포장된 관심이 아닌 사랑과 애정과 위안과 위로의 관심 말이다.

따뜻한 관심이 녹아 있는 애정은 사람을 관찰하기 좋아한다.

그래서 누군가가 위험에 처했거나 슬픔에 잠겨 있으면 조용히 다가가 살포시 안아준다. 그리고 각 개인의 장점과 특징을 잘 파악해서 그 사람이 무언가를 시작하기에 앞서 두려움으로 망설일 때, 용기를 주고 충분히 할 수 있다고 격려를 해준다.

대인관계에서 진정성이 묻어나는 따뜻한 관심은 사람을 얻을 수 있는 최고의 기술이며 당장은 아니더라도 언젠가는 그 관심에 대한 보상을 받게 된다. 물론 보상을 바라고 따뜻한 관심을 베풀어선 안 되겠지만.

따뜻한 관심을 베푼 자는 배은망덕(背恩忘德)의 괴로움 같은 것은 느끼지 않을 것이다. 진심은 진심으로 돌아오기 때문이다. 설령 상대방이 배신한다고 해도 그는 분노를 느끼지 않는다. 처음부터 뭘 바라고 베푼 애정이 아니기 때문이다. 또한, 분노도 애정의 한 부분으로 생각하고 만다.

 따뜻한 관심은 스스로 행복할 수 있으며 상대방에게 내가 좋은 친구가 될 수 있다는 사실에 기뻐하며 즐거워한다. 이처럼 따뜻한 관심은 나도 좋고 상대방도 좋고 우리가 좋고 이 세상이 좋아지는 보일러 같은 것이다.

Model
지적보다는 솔선수범이 참으로 효과적입니다

> 리더를 따르는 사람은 다른 어떤 것보다
> 리더가 보이는 본에서 많은 것을 배운다.
> 리더가 우선순위를 정하면 그를 따르는 사람들도 그럴 것이다.
> 리더가 바쁜 것을 가치 있게 여기면
> 그를 따르는 사람들도 그럴 것이다.
> ―레잇 앤더슨 『목적이 이끄는 리더십』 중에서

사람들은 들은 대로 살기보다는 직접 보고 느끼는 대로 살아간다. 그래서 누군가를 가르치거나 이끌려고 한다면 말보다는 솔선수범을 통해 설득하는 게 훨씬 효과적이다.

말은 때론 무책임한 약속을 낳고 오해와 불신을 일으키지만, 행동은 그렇지 않다. 분명하고 명쾌하다.

슈바이처 박사는 자녀교육에서 다음 세 가지가 가장 중요하다고 말했다.

첫째도 본보기, 둘째도 본보기, 그리고 셋째도 본보기!

자녀가 책과 친하게 지내길 원한다면 부모가 책을 가까이하면 되고, 자녀의 건강이 걱정된다면 부모가 열심히 운동하면 된다.

칸트는 이렇게 말했다.
"누구에게도 나와 똑같이 행하라고 말할 수 있게 행동하라."
회사에 따라야 할 모범이 없다면 그 회사는 비전이 없는 것과 같고
사회에 따라야 할 모범이 없다면 그 사회는 암흑과 다를 것이 없고
이 세상에 따라야 할 모범이 없다면 지구는 그저 우주의 한구석을 차지하는 돌멩이에 지나지 않는다.

아이젠하워 미국 대통령에게 기자 한 명이 물었다.
"진정한 리더십이란 무엇일까요?"
아이젠하워는 갑자기 주머니에서 실을 꺼냈다. 그리고 실을 책상 위에 올려놓았다.
"이 실의 앞쪽을 잡고 당겨보시오."
기자가 실을 잡고 당기자 실이 그의 몸쪽으로 이동했다.
"이번에는 이 실을 뒤쪽에서 한 번 밀어보시오."
하지만 부드러운 실이 앞쪽으로 밀릴 리 없었다. 아이젠하워는 미소를 지으며 말했다.
"이제 알겠습니까? 앞에서 솔선수범을 보여야 믿고 따라오는 것입니다."

진정한 리더가 되길 원한다면 사람들의 뒤통수에 대고 소리쳐봤자 소용없다. 앞에서 당당하게 그들을 향해 외쳐야 한다.

One more …

자신의 행동부터 점검해야 한다

　인간관계에서 다른 사람이 당신에게 다가와 어떤 행동을 취할 때, 다음과 같이 자문하는 습관을 길러라.
　"도대체 이 사람은 왜 이런 행동을 했을까? 무슨 의도가 숨겨져 있을까?"
　그러나 자문하기 전에 먼저 스스로 답해야 할 것이 있다. 그건 바로 이것이다.
　"나는 왜 지금 이 사람 앞에서 이런 행동을 하는 걸까?"

Chinless
나약한 나를 이기는 순간 세상에서 가장 강한 사람이 됩니다

내가 가야 할 길을 막고 내 일을 방해하는
벽 때문에 포기하는 것이 아니라
그럴수록 사명감에 불타 가슴이 뛰어야 한다.
실패해서 꿈이 깨지는 것보다
더 두려운 것은 도전 앞에서 스스로 꿈을 접는 나약함이다.
— 권영설의 『직장인의 경영연습』 중에서

결승점을 앞에 두고 달리는 걸 멈춘다 해도 숨이 허덕거리는 건 마찬가지다. 그러므로 이왕 달린 것이라면 조금 더 발을 내디뎌 결승점에 도달하는 게 낫다. 도중에 포기하면 결국 남는 건 후회뿐이다.

나약함과 강인함의 차이는 한걸음 차이다.
패배와 승리의 차이는 마음가짐의 차이다.
생각해보라.
역사의 한 페이지를 장식한 위인들은 하나같이 나약한 자신을 극복한 사람들이다.

미국에 있는 브루클린 다리에 관한 일화다.

맨해튼과 브루클린을 왕래하는 사람들이 날로 불어났지만, 물살이 너무 세어서 아무도 다리를 놓을 엄두를 내지 못했다.

"물살을 피할 방법은 바로 교각 없는 다리야!"

존 뢰블링은 교각 없는 다리를 설계했다. 교각 없는 다리가 말이 되느냐며 사람들은 그를 비웃었다. 그러나 오히려 그의 의지는 불타올랐고 아들 워싱턴 뢰블링과 함께 공사를 시작했다. 하지만 몇 개월도 지나지 않아 공사장에서 불의의 사고로 존 뢰블링은 사망하고 아들 워싱턴은 뇌를 심하게 다치고 말았다. 이렇게 부자의 꿈은 허망하게 좌절되는 듯했다.

그러나 워싱턴은 아버지의 꿈이자 자신의 꿈을 멈추지 않았다. 침대에 누워 아내에게 작업을 지시했고 결국 13년 만에 브루클린 다리가 세워졌다.

이 세상에서 가장 힘이 센 사람은 실패 앞에 넘어지지 않는 사람이 아니다. 반복되는 실패에도 다시 일어날 수 있는 사람이다.

영국속담에 다음과 같은 말이 있다.

'잔잔한 바다에서는 좋은 뱃사공이 만들어지지 않는다.'

시인 바이런은 이렇게 말했다.

"시련이란 진리로 통하는 으뜸가는 길이다."

G. 허버트는 이렇게 말했다.

"폭풍은 참나무가 더욱 깊게 뿌리를 박도록 한다."

진통을 견뎌야 아름다운 생명을 얻을 수 있듯 나약함을 이기는 순간, 인생의 변화가 찾아올 것이다.

One more ...

두려움 없이 가던 길을 가자

열심히 노력했는데, 올바르게 행동했는데 설령 성공하지 못한다고 해서 너무나 실망하거나 불평하지 마라.

신념을 갖고 온 힘을 다했다면 그것으로 충분하다. 그리고 실패를 했다면 처음부터 다시 시작하면 된다. 지난 것에 대한 미련은 가위로 싹둑 오려내고 새로운 일을 다시 사랑하라.

그리고 철학에서 해결책을 찾으려고 할지라도 너무나 그것에만 의존하지 마라. 몸이 아프면 병원에 가서 치료를 받고 그에 걸맞은 운동을 하듯 실제로 움직여라. 행동이 강하면 이성이 따라오게 되고 그 안에서 힘을 얻을 수 있다.

그러나 간혹 사람들은 큰 좌절을 맛보면 그것을 잊기 위해 쾌락을 선택한다. 쾌락을 통해 모든 것을 다 잊을 수 있을 거로 생각한다. 그러나 그건 착각이다.

쾌락은 잠시 사람의 정신을 몽롱하게 할 뿐 쾌락이 끝나고 나면 다시금 좌절감이 밀려온다. 좌절을 이겨내고 새로운 것을 사랑하기 위해선 결국, 관용, 자유, 성실, 친절, 경건 등 쾌락에서 얻을 수 없는 고도의 영혼이다. 그 영혼의 작용이 재미는 없고 따분하지만, 좌절을 이겨낼 힘이 있다.

마음이 흔들리지 않고 그 마음을 행동으로 표현한다면 지난 것에 대한 미련도 없을 것이고 새로운 것에 대한 두려움도 없을 것이다.

Tenacity
다시 기회가 주어진다면 잘해낼 수 있죠?

실패라니요?
나는 절대 실패한 적이 없습니다.
나는 단지 전구를 만들 수 없는 방법
140가지를 발명했을 뿐입니다.
−에디슨

'포기란 배추를 셀 때나 쓰는 말이다'

한 고등학교의 급훈으로 유명해진 이 말만큼 포기라는 단어를 명쾌하게 표현한 것이 또 있을까.

사과나무에 열매가 열리지 않았다고 해서 물주는 일을 멈춰서는 안 된다. 지금은 보이지 않지만, 열매는 뿌리에 달려 있고 가지에 숨어 있고 나뭇잎에 감춰져 있기 때문이다.

그에게는 살아남을 확률이 낮아 보였다. 온몸에 퍼진 암세포 때문에 한쪽 고환을 잘라내고 뇌까지 절개해야만 했다. 하지만 몇 차례의 대수술과 고통스러운 항암치료를 받아가면서도 결코 삶에 대한 의지를 포기하지 않았다.

그는 사이클 선수였고, 힘겨운 항암치료를 계속 받으면서도 훈련을 계속했다. 그 결과 1999년 투르 드 프랑스 대회에서 우승을 차지했고 2005년까지 7연패를 달성하며 최고의 스포츠스타로 군림했다. 그의 이름은 '랜스 암스트롱', 사이클의 전설이 된 인물이다.

미국의 윌리엄 E 메이어 박사는 전쟁포로에게서 얻은 수많은 증언을 통해 다음과 같은 결론을 내렸다.
"강철이나 콘크리트벽은 없었지만, 정신적인 독방에 갇혀 완전히 고립된 상태였다. 포로들 사이에 팽배한 극단적 절망이란 질병은 바로 자포자기였다. 이 병에 걸린 포로들은 담요를 머리에 뒤집어쓴 채 막사 구석에 홀로 쪼그리고 앉아서 이틀도 넘기지 못하고 죽어갔다. 자포자기로 포로의 38%가 사망한 것이다."

인간을 병들고 지치게 하는 것은 질병과 세월만이 아니다. 삶의 의욕을 꺾고 희망을 죽이는 것, 포기만큼 고약하고 못된 건 없다.

One more ...

오래전부터 달라졌어야 했다

당신은 완벽하지 않다. 당신은 특별하지 않다.
그러기 때문에 당신에게는 남들이 감탄할 정도의 뛰어난 재능이 없을 수도 있다. 그렇다고 한탄하지 마라.

분명 당신에게는 아직 표출되지 않은 다른 장점이 있을 수도 있다. 당신의 마음속을 들여다보라. 보이는가?

성실, 자유, 인내, 자비심, 고매함으로 가득 차 있지 않은가.

당신이 맘만 먹으면 당신만의 장점을 충분히 발휘할 수 있다. 당신은 원래 그런 장점을 타고났다. 그런 놀라운 힘을 갖고 있다. 굳이 부정할 수 없는 사실이다.

그럼에도 당신은 자신의 놀라운 힘을 믿지 못하고 의심한다. 그래서 늘 부족하다고 불평하고 남에게 비굴하게 굽실거리고 자기 단점만 찾아내고 부질없는 명성에 자존심을 버리고 미래에 대한 불안으로 떨고 있다.

그것은 결코 인간답게 사는 게 아니다. 아니, 당신답게 사는 게 아니다. 당신은 이미 오래전부터 달라졌어야 한다.

자신 없는 생활에서 해방되어야만 했다. 현명한 이성 판단에 따라 살아가겠다고 결심한다면 그러한 생활은 언제라도 간단하게 정리될 수 있다.

이러한 진리를 당신은 이미 알고 있다. 그럼에도 나태하고 안이하고 변화 없는 생활을 지속한다면 그것보다 더 어리석고 나쁜 것은 없다.

Healing chair

있는 그대로의 솔직함 보이기

삶은 고통도 그렇다고 기쁨도 아니다.
그것은 우리가 마땅히 해야만 하는 일이며
목숨이 끊어지는 그 순간까지
우리가 정직하게 해야만 하는 일이다.
−토크빌

마을 입구에 포도 장수의 차량이 도착했다. 포도 장수는 차에서 포도 상자를 내려놓았다.

"포도 사세요. 포도 사세요."

포도 장수의 우렁찬 목소리에, 그리고 은은한 포도향에 사람들이 하나 둘 모여들었다.

"맛들 보세요. 그리고 맛있으면 한 상자씩 사세요."

사람들은 포도 몇 알씩 맛보았다. 맛이 좋은지 다들 흡족한 표정이었다.

포도 장수는 이참에 포도를 다 팔 요량으로 홍보에 더 박차를 가했다.

"여러분, 다 포도 맛을 보셨죠? 제가 여러분께 선물을 드리겠습니다. 이 포도 맛을 가장 잘 표현한 사람에게 포도 한 상자를 공짜로 드리겠습니다."

포도 장수의 말이 끝나기가 무섭게 여기저기에서 포도 맛에 대해 말했다.

"달콤한 맛이오."

다른 한 사람이 또 말했다.

"새콤한 맛이네요."

"아니에요. 달콤하고 새콤하고 부드러운 맛이에요. 제가 맞죠?"

포도 장수는 고개를 내저었어요.

그러자 구석에 있던 머리가 하얀 할머니가 중얼거리듯 혼잣말로 말했다.

"맛은 무슨…. 그냥 포도 맛이네."

그제야 포도 장수는 고개를 끄덕였다.

"할머니, 말씀이 맞습니다. 포도가 포도 맛이 나야 포도죠. 할머니께서 정답을 맞혔으니 선물로 이 포도 한 상자를 드립니다."

멋지고 예쁘게 포장한다고 해도 그 본질까지 변하는 건 아니다. 중요한 건 그 본질이다. 본질이 훌륭하다면 그 어떤 포장이나 과장이 없어도 빛나기 마련이다. 괜히 있어 보이려고 치장했다가 오히려 더 반감을 살 수 있다. 때론 있는 그대로의 솔직한 모습이 더 아름답고 사람들의 마음을 움직인다는 걸 알아야 한다. 아름다운 문장으로 고백하기보다도 그저 사랑한다, 그 말 한마디가 더 큰 힘을 발휘할 때가 있다. 화려한 반지나 목걸이보다도 마음을 담은 작은 선물이 눈물을 끌어낼 수 있다. 거칠고 투박하지만 있는 그대로의 모습, 그게 진짜 진심이며 매력이다.

솔직함으로 대중들에게 더 친근한 이미지로 다가간 인물이 있다.
바로 미국 최초의 흑인 대통령인 오바마의 부인 미셸이다. 이전의 퍼스트레이디들이 권위적이고 격식을 따지는 사람이었다면 그녀는 솔직함이 돋보인다.
백악관에 방문한 한 소년이 그녀에게 질문했다.
"가족들을 위해 음식 만드는 걸 좋아하세요?"
그녀는 거침없이 말했다.
"아니. 난 요리하는 게 그립지 않아. 다른 사람들이 만든 요리를 먹는 게 좋아. 맛이 정말 좋거든."
한 번은 한 잡지기사와의 인터뷰에서 자신의 결혼생활에 대해서도 솔직히 답변했다.
"결혼 생활요? 사실 결혼생활이 완벽하진 않습니다. 부부 사이로 좋을 때도 있고 나쁜 때도 있죠. 특히, 저는 딸들에게 내가 온 정성을 쏟고 있는지 모르겠습니다."

그녀의 솔직함에 대중들은 그녀에게 친밀함을 느끼며 좋아한다.

솔직함은 닫힌 마음의 문을 열게 하는 만능열쇠라는 걸 알아야 한다. 그렇다고 솔직함이 다 좋은 건만은 아니다. 지나치게 솔직함이 때론 민폐가 될 수도 있다. 상대방의 감정을 고려하지 않고 솔직함을 무기로 상대방에게 거침없이 독설을 내뱉어 상처를 입힌다면 그건 결례이다. 상대방에게 피해가 가질 않는 범위에서 솔직함을 표현한다면 그게 정답이다.

2장

되새기며

삶은 공평하다.

많이 가진 사람은 그만큼 고민이 많고

적게 가진 사람은 작은 행복을 느낄 감성을 갖고 있다.

이왕이면 많으면 좋겠지만 많아서 괴롭다면

그것 또한 아무런 가치도 없다.

비우는 순간 채워지고 버리는 순간 풍요로워지나니.

Anger
화를 내서 이익을 본 적이 있나요?

> 조금 화가 나면 행동을 하기 전에
> 또 말을 하기 전에 열을 세라.
> 몹시 화가 났을 때는 백을 세라.
> 화가 나면 날 때마다 이 사실을 상기하면
> 숫자를 셀 필요조차 없어진다.
> —톨스토이

'머리는 차갑게 가슴은 뜨겁게'라는 말이 있다. 냉정함을 잃지 않는 동시에 모든 일에 열정을 가진 사람이 되라는 뜻이다.

하고자 하는 의지가 강하면 열정은 자연스레 샘솟기 마련이다. 그러나 냉정함을 잃지 않는다는 건 그리 쉬운 일이 아니다. 이성과 감정을 오가는 위험한 줄타기 속에서 때로는 주체할 수 없는 감정에 휩싸일 때가 있다. 그리고 이렇듯 정제되지 못한 감정은 '화'로 발전하여 우리의 몸과 마음을 상하게 하기 십상이다.

현대인들은 화 때문에 갖은 병에 시달리고 있다. 가슴이 답답하고 두근거리며 늘 초조하고 불안하다. 매사에 신경질적이고 제대로 된 숙면을 취하지 못해 업무 능률도 떨어지고 삶의 의욕도 꺾이게 된다.

빅토르 위고가 쓴 단편 중에 다음과 같은 글이 있다.

큰 배가 드넓은 바다를 항해하고 있었다. 그런데 어디서부터 시작했는지 알 수 없는 폭풍이 무서운 속도로 배를 덮쳐 왔다.

"선장님, 폭풍이 몰려오고 있습니다!"

"모두 겁먹지 마라!"

하지만 더욱 거세진 폭풍은 대포를 묶었던 쇠사슬을 끊어버리고 갑판 위를 무섭게 굴러다녔다. 몇 명의 선원이 필사적으로 대포를 붙잡으려 했지만, 중심을 잃어버린 대포는 배 이곳저곳을 부서뜨렸고 배는 점점 바닷속으로 가라앉고 있었다.

빅토르 위고는 이 배를 우리네 인생으로 비유했다. 진정한 위험은 밖에서 오는 풍파가 아니고 바로 배 안의 대포와도 같은 것이다.

마음속의 분노가 바로 이와 같다. 염증을 뜻하는 염(炎)이라는 글자는 불이라는 뜻의 화(火)자 2개로 이루어져 있다. 화가 쌓이고 넘쳐나면 염증을 돋게 하여 결국 병이 되는 것이다.

미국 속담에 이런 말이 있다.

"위험(Danger)에서 한 치 모자라는 것이 바로 화(Anger)다."

부부싸움을 심하게 하는 부부에게 한 정신과 의사는 이런 처방을 내린다고 한다.

"만약 화가 치솟거든 이 물약을 세 숟가락씩 꼭 드시기 바랍니다.

그러나 반드시 1분 동안 머금은 후에 삼켜야 합니다. 그러면 큰 효과를 볼 것입니다."

물약에 대단한 효과가 있는 것이 아니라 잠시만이라도 화를 진정시킬 시간을 가지라는 것이다.

순간적으로 격해진 감정만으로 살아서는 안 된다. 한 걸음 뒤로 물러나고 잠시 시간을 두고 생각해보면 용서하지 못할 일도 없고 화를 낼 이유조차도 사라지기 마련이다.

One more …

🌸 멈춰야 할 때 멈출 줄 알아야 한다

한 번 움직이기 시작하면 계속해서 움직이려고 하는 성질이 있다. 그러기 때문에 움직인 이상, 멈추는 건 쉽지 않다. 화도 마찬가지다.

한 번 화를 내기 시작하면 멈추려 해도 쉽지가 않다. 되레 걷잡을 수가 없는 또 다른 불상사가 나기도 한다.

가능하면 이성적으로 생각하고 비천한 노여움을 보이지 말아야 한다. 마음을 잘 다스리는 사람은 어려운 일이 아니다. 그러나 그런 경지에 이르기가 쉽지 않다.

대부분 사람은 쉽게 흥분하고 화를 낸다. 그렇다면 화를 최소화하고 화를 냈다고 하더라도 멈출 줄 알아야 한다. 그러기 위해선 일단 노여움이 생기면 자신이 화내고 있음을 먼저 인지해야 한다. 그리고 그 때문에 어떤 파급효과가 가져올지 생각해보라. 당연히 좋지 않은 상황을 바라는 사람은 없을 것이다. 그리고 호흡을 멈추고 한 걸음 물러나라. 그러면 잠시 마음의 평화가 찾아올 것이다.

그 순간, 노여움을 버리고 두 눈을 감아라. 두 눈을 감는 순간이 멈춰야 할 시점이다. 멈추고 돌이켜 생각해보면 그리 화낼 일도 아니라는 걸 깨달을 것이다.

Avarice

손에 쥔 것들을 내려놓으면
모든 것을 얻을 수 있어요

재산의 수준을 높이기보다는
욕망의 수준을 낮추도록 애쓰는 편이 오히려 낫다.
-아리스토텔레스

명가(名家)로 소문난 한 음식점 주인의 말이다.

"음식에 소금을 집어넣으면 간이 맞아 음식을 맛있게 먹을 수 있지만, 소금에 음식을 넣으면 먹을 수가 없소. 인간의 욕망도 마찬가지요. 삶 속에 욕망을 넣어야지 욕망 속에 삶을 집어넣으면 안 되는 법이라오."

우리는 '더, 더, 더'라는 말을 입에 달고 산다. 보기에 충분한데 스스로 만족하지 못하고 자꾸자꾸 욕심 주머니를 채우려는 사람들. 이미 매우 빠른데도 조금 더 빨리 달리고 싶어 하는 사람들. 이미 최고의 자리에 앉아 있으면서도 그보다 더 높이 오르기를 원하는 사람들.

지나친 욕심은 재앙을 부르는 법, 멈춰야 할 때 멈출 줄 아는 지혜가 필요하다.

안데르센의 동화 《분홍신》은 우리들의 탐욕에 관해 이야기하고 있다.

한 소녀가 엄마가 사다 준 신발에 만족하지 못하고 마술사가 만든 분홍 신을 몹시도 탐냈다. 운 좋게 분홍 신을 얻게 되었지만, 불행은 그때부터 시작되었다. 분홍 신을 신는 순간부터 자기도 모르게 계속 춤을 추게 된 것이다. 멈추려 해도 도저히 멈출 수가 없었다. 사정을 모르는 사람들의 환호와 박수소리 속에서 소녀는 몇 날 며칠 춤만 추다가 결국 지쳐서 죽고 말았다.

명심보감에 이런 말이 있다.
知足可樂, 務貪則憂(지족가락 무탐즉우). 이 말을 풀이하자면, 만족할 줄 알면 즐거울 수 있고, 욕심을 부리면 근심이 생긴다는 거다.

맞는 말이긴 하나, 그러나 인간의 욕심을 잠재우기란 그리 쉬운 일이 아니다. 남보다 더 많이 갖고 싶어 하고, 설령 남들보다 많은 것을 갖고 있다고 해도 지금보다 더 많이 갖고 싶은 욕망은 어쩔 수 없다.

그러나 지나치면 문제가 된다. 컵에 물을 적당히 따라서 마셔야지 넘치면 옷도 젖게 되고 물도 버리게 된다. 멈춰야 할 때는 멈춰야 한다. 아무리 많이 가진다고 한들 인간의 욕망을 충족시킬 순 없다. 그러니 부족한 부분은 만족이라는 것으로 채우고 마음을 비워야 한다.

신문에서 이런 기사를 읽은 적이 있다.
힌두교의 가르침에 따라 수행하는 자를 '사두(sadhu)'라고 하는데

이들은 대부분 해탈의 경지에 오르기 위해 나름대로 혹독한 수련을 하고 있다. 나무 위에 올라가 수년간 생활을 한다거나 한쪽 발만으로 버티고 서서 생활하기도 한다. 그런데 아마바라티 씨는 독특한 수련법을 행하고 있다. 그는 무려 38년 동안 오른쪽 팔을 들고 생활을 했다. 그가 오른쪽 팔을 든 채 생활하는 이유가 다 있었다.

"오른손은 욕심의 손입니다. 욕심부리지 않고 욕망을 잠재우기 위해 오른손을 들고 사는 겁니다."

현재 그의 오른팔은 사용할 수 없을 정도로 망가졌다. 그렇지만 여전히 그는 오른팔을 들고 있다.

One more ...

많고 적음이 아니라 생각이 중요하다

돈에 대해 당신은 어떤 생각을 하고 있는가?

만약 돈에 대해 신중, 절제, 정의 용기, 사랑 등과 같은 천사의 이미지로 생각한다면 당신은 "많은 재산은 오히려 좋지 않다."라고 말한 어느 희극 작가의 말에 동의하지 않을 것이다. 그러나 당신이 많은 돈 때문에 오히려 삶이 불행해지고 의심이 많이 생기고 돈의 노예가 되었다면 이 작가의 말을 쉽게 이해할 것이다.

이처럼 돈이란 그것을 어떤 시각으로 바라보느냐에 따라 달라진다. 유익한 것일 수도 있고 사악한 것일 수도 있다.

돈을 유익한 쪽으로 보기 위해선 일단 탐욕을 버려야 한다. 현자들은 예로부터 돈에 대해 부정적인 생각을 하고 있었다. 그 이유는 그만큼 돈이 사람들의 마음을 갉아먹고 탐욕을 자극하는 무서운 독이기 때문이다. 그러나 돈을 진실한 마음으로 대한다면 독은 순식간에 곡식이 되고 힘이 되고 행복이 될 것이다. 돈이 많고 적음이 중요한 게 아니라 돈에 대해 어떤 생각을 하고 있는가가 더 중요하다. 당신은 돈을 어떻게 생각하는가?

Vanity
옷장에서 잠자는 명품 옷이 몇 벌이나 되나요?

우리네 삶
남의 눈 전혀 무시 못 하지만
자신의 행복보다 남의 시선이 무서워
분수에 맞지 않는 남의 인생으로 살아가기엔
너무 짧은 인생입니다.
허영심에 자존심에 참된 인생이 아닌
남의 인생 살면 좋은가
짧은 인생
구름 같은 떠돌이 인생 살아 있는 동안은
진실하고 참된 인생이 무엇인가를 깨닫는다면
허송세월 보내지 않고 자기 일에 몰두하며
하고 싶은 일을 하나하나 성취해 가는 희열감을 느끼면서
자신만의 고유한 인생을 자연처럼 살아가는 것이
후회 없는 멋있고 아름다운 삶 행복한 인생이 아니겠는가?
 ―윤명분의 『내가 행복하게 살아가는 이유』 중에서

얼마 전 한 백화점에서 열린 '무병 장수기원 수의전'에 나온 4,000만 원짜리 황금 수의가 화제를 뿌린 적이 있었다. 매장을 열고 얼마 지나지 않아 동이 나버렸다는 이 황금 수의. 웬만한 직장인의 한해 연봉과도 맞먹을만한 돈이지만 어떤 이들에게는 '효'라는 이름으로 땅속에 묻어두어도 전혀 아깝지 않을 돈이었나 보다.

오늘날 우리는 더할 나위 없는 물질적 풍요를 누리고 있다.

최근 100년 동안 인류가 소비한 천연자원이 유사 이래 수천 년간

인류가 사용했던 그것보다 많다는 한 연구결과는, 인간의 탐욕과 허영심이 초래할 끔찍할 말로를 예측하게 한다. 부질없는 인간의 욕망은 어디에서부터 오는 걸까? 조선 후기의 학자 유중림은 그의 저서를 통해 다음과 같은 글을 남긴 바 있다.

"집은 높고 커야만 하는 것이 아니요 비가 새지 않으면 그만이고, 의복은 비단옷이어야 되는 것이 아니요 온화하고 따듯하면 그만이다. 음식은 진수성찬이어야 되는 것이 아니요 배를 채울 만하면 그만이고, 아내를 맞되 얼굴이 예뻐야 하는 것이 아니라 현숙하면 그만이다."

세상에서 가장 지혜로운 사람은, 바로 자신의 분수를 아는 사람이다.

소설 《여자의 일생》으로 유명한 프랑스 작가 모파상의 작품 중에 《목걸이》라는 단편이 있다.

그리 넉넉한 형편이 아니지만 호화로운 생활을 꿈꾸는 한 여자가 있었다. 그녀의 소원은 남부럽지 않은 멋진 집에서 비싼 옷과 보석을 끼고 사는 것이었다. 그러나 현실 속의 그녀는 평범하기 그지없는 동네 아낙일 뿐이었다.

그러던 어느 날, 우연한 기회에 남편과 함께 무도회장에 가게 되었다. 어찌어찌하여 무도회에 입고 갈 드레스는 한 벌 구했지만, 문제는 드레스를 받쳐줄 아름다운 보석이었다.

"이 옷에 어울릴 만한 다이아몬드 목걸이가 있었으면 좋겠는데…."

결국 그녀는 이웃에 사는 친구에게 다이아몬드 목걸이를 빌려 무도회에 참석하게 되었고, 누구보다도 호화로운 자신의 모습에 만족해했다. 그러나 무도회의 멋진 밤이 끝나고 집으로 돌아오는 길에 그만 다이아몬드 목걸이를 잃어버리고 말았다.

정신없이 목걸이를 찾아보았지만 사라진 목걸이는 찾을 수 없었다. 어쩔 수 없이 그녀는 엄청난 빚을 지고 자신이 잃어버린 것과 똑같은 목걸이를 사 친구에게 되돌려 주었다. 그녀와 남편은 그 빚을 갚기 위해 온갖 허드렛일 속에서 생계를 꾸려가야만 했다. 작지만 아담했던 그들의 집마저도 팔아치워야만 했다.

그러기를 10여 년, 악몽과도 같은 세월 속에서 겨우겨우 빚을 갚고 난 얼마 후 거리에서 우연히 옛 친구를 만나게 되었다. 온갖 고생으로 추레하게 늙어버린 자신과 달리 여전히 아름다운 모습의 옛 친구는 갑자기 생각난 듯 말했다.

"아, 내가 너에게 빌려준 그 다이아몬드 목걸이는 가짜였어."

지나친 허영심은 자신의 눈과 귀를 멀게 하고 종국에는 세상을 바라보는 마음의 창까지도 닫게 만든다. 세상에 태어날 때 옷 한 벌, 흙 한 줌 쥐고 있지 않았던 것과 같이 세상을 떠날 때도 결코 그와 다르지 않음을 깨닫는다면 우리의 허영심이 조금은 줄어들 수 있지 않을까.

One more ...

허영은 덕행의 어두운 그림자일 뿐이다

허영을 자칫 미덕으로 볼 수도 있다.

왜냐하면, 물질세계에서 욕심을 부리지 않으면 그 무엇도 얻을 수 없고, 소망하지 않으면 이득을 볼 수 없기 때문이다.

그러기에 허영은 반드시 필요한 것이며 물질세계에서 살아남을 수 있는 덕목으로 생각한다. 그러나 그건 소인배들이나 갈구하는 헛된 욕심에 불과하다.

허영은 덕행의 어두운 그림자일 뿐이다. 그래서 잡으려면 잡히지 않고 그림자처럼 미덕이 되고 싶어 하지만 결코 미덕이 될 수 없다.

Egoistic mind
나만 생각하지 말고
가끔은 남도 생각해주면 좋겠네

> 사람들은 태어날 때부터 마음에 창을 열 개씩 달고 태어난답니다.
> 하느님이 사람의 마음을 만들면서 누구나 공평하게
> 열 개의 창을 만들어 주었지요.
> 열 개 중에서 세 개는 자기 자신을 위해서 쓰고,
> 나머지 일곱 개는 남을 위해서 쓰라고요.
> 그런데 대부분의 사람들이 자기 자신만을 위해
> 창을 쓰다가 그만 창을 다 망가뜨리고 말았답니다.
>
> ─정호승의 「당신의 마음에 창을 달아 드립니다」 중에서

축구 경기에서 이기는 방법은 아주 간단하다. 상대편보다 골을 많이 넣으면 되는 것이다. 하지만 골을 넣기란 좀처럼 쉽지 않다. 11명의 선수가 일사불란하게 움직여 최고의 팀워크를 발휘해야만 가능한 일이다. 세계 최고의 선수들로 꾸려진 팀이라도 끈끈한 팀워크가 없다면 모래알로 지은 집과 다를 바가 없다.

오케스트라를 보자. 수많은 악기가 함께 연주되지만 그들의 화음은 결코 상대방의 그것을 시기하거나 질투하지 않는다. 지휘자의 지휘에 따라 각자의 위치에서 자기의 몫을 할 뿐이다. 쓸데없는 이기심은 불협화음만을 만들 뿐이다.

사막을 오가는 장사꾼이 오아시스를 발견했다.

그가 발견한 오아시스는 사막을 가로지르는 지름길 위에 있었다. 그는 혼자 물을 차지하기 위해 이 오아시스를 아무에게도 알리지 않았다. 오아시스 옆에는 키 큰 야자수 한 그루가 서 있어서, 시원한 그늘까지 만들어 주었다. 그러던 어느 날 이런 생각이 들었다.

'이 커다란 야자수가 물을 다 빨아 먹는 거 아냐?'

결국, 그는 야자수를 잘라 버렸다.

얼마 후 새로운 여정 속에서 오아시스가 있던 곳을 들른 그는 놀라지 않을 수 없었다. 오아시스가 감쪽같이 사라져 버린 것이 아닌가? 나무 그늘을 잃은 오아시스의 물이 바짝 말라 버린 것이었다.

이기심은 큰 나무의 뿌리와 같아서 한 번 뿌리박으면 쉽게 뽑아낼 수 없다. 갈등, 타락, 질병, 시기심, 교만 등 이 세상의 모든 죄악은 이기심으로부터 시작된다.

One more ...

유일하게 인간이 소유할 수 있는 게 있다

인간은 모든 것을 다 가진 듯하다. 모든 피조물의 장점을 소유하고 있고 이 지구상의 생명체 중에 가장 뛰어난 존재이기 때문이다. 그러나 그건 착각이다.

  인간은 절대로 모든 것을 다 갖고 있지 않다. 다만 현재 가진 모든 것들을 대여했을 뿐이다.

  보라. 하늘은 인간에게 영혼을 내려주었다. 그리고 공기는 인간에게 호흡을 허락했고 자연은 인간에게 먹을 것을 제공했고 태양은 인간에게 따사로움을 선사했으며 바다는 인간에게 평화로움을 전해주었다.

  그러나 생각해보라. 이 모든 것들은 다 유동적이다. 잠시 빌려 왔을 때, 완전히 인간의 것이 아니라는 말이다. 인간이 어떻게 행동하느냐에 따라 이 모든 것들이 하루아침에 사라질지도 모른다. 인간의 것은 하나도 없다. 그러나 유일하게 인간이 가진 게 있다. 그건 바로 덕(德)이다.

  그것은 인간이 가진 고유의 것이다. 나를 아끼고 남을 사랑하고 자연을 가꿀 수 있는 아름다운 마음, 덕. 그 덕을 베푸는 것이 인간의 도리이며 인간이 존재하는 이유가 된다. 덕을 베풀면 자연히 다른 모든 것들도 다 인간의 것이 되는 것이다.

Persistence
한 걸음 더 내디디면,
한 1분만 더 참으면 이뤄낼 수 있어요

쟁기는 씨앗을 심기 위해
땅을 파 일구는 데 쓰이는 기구이다.
인내는 성공을 가로막는 실패의 마음가짐을 일구어
성공의 씨앗을 뿌리내리게 하는 마음의 쟁기이다.
인내에는 중도 포기나 우유부단이 있을 수 없다.
인내는 대담하고 용감무쌍하며 두려움을 모른다.
성급하게 서두르지 않고 원하는 목표를 향해 노력할 뿐이다.
—캐서린 폰더의 『부의 법칙』 중에서

기다림이란 그저 막연함이 아니다.
기다림이란 말 속에는 끈기와 인내가 담겨 있다.
기다림, 그것이 인생이다.
헤밍웨이의 기다림,
그는 불후의 명작 《노인과 바다》를 무려 80번이나 쓰고 고치기를 반복해서 완성했다.
레오나르도 다빈치의 기다림,
그가 〈최후의 만찬〉을 그리는 데는 10년이라는 시간이 필요했다.
아담 클리크의 기다림,
성경을 주석하는 데 그가 보낸 세월은 무려 40년이었다.

괴테의 기다림,

　인류 역사상 최고의 문학작품으로 꼽히는 《파우스트》는 23세부터 쓰기 시작하여 82세까지 무려 60년에 걸쳐 완성했다.

대나무 꽃의 기다림,

　대나무는 꽃을 피우기 위해 적게는 60년, 길게는 120년을 참고 견뎌야만 한다.

　서부개척 시절, 금을 캐러 간 남자가 있었다. 확실히 금이 있다고 믿고 노다지를 찾기 위해 그는 몇 날 며칠 동안 곡괭이를 휘두르며 땀을 쏟아냈다. 하지만 기대하던 노다지가 나오지 않자 그는 곡괭이를 내동댕이치고 그곳을 떠나 버렸다. 그렇게 수많은 남자가 노다지를 얻기 위해 노력했지만, 그 누구도 노다지를 발견하지 못했다.

　몇십 년이 지난 후, 엄청난 양의 노다지가 발견되었다. 그리고 노다지가 발견된 곳의 불과 1m 위에서 수십 자루의 녹슨 곡괭이도 함께 발견되었다.

　1m만 더 팠다면 엄청난 부를 움켜쥘 수 있었을 텐데 대부분 사람은 뒷심을 발휘하지 못해 물러나고 만다. 아무리 힘들어도 한 걸음 더 전진하고 견딜 수 없이 고통스러워도 5분만 더 참아보자. 끈기 있는 사람을 당해 낼 것은 없다.

　소망은 물론 기적마저 불러올 수 있는 것, 바로 끈기의 힘이다.

One more ...

감당할 수 없는 일은
일어나지 않는다

아무리 힘든 일이라도 분명 극복할 수 있다.

극복하기 위해 노력하지 않았기 때문에 그 일에 정복당하고 마는 것이다. 인간에게는 그 본성이 감당할 수 없는 일은 절대로 발생하지 않는다. 당신에게 일어난 일이 다른 사람에게도 똑같이 일어났다고 가정해보자.

다른 사람은 자기에게 어떤 일이 일어났는지 모를 수도 있거나 아니면 남에게 그 일을 들키지 않으려고 더욱 분발해 아무런 해도 입지 않을 수도 있다. 반면 당신은 안절부절못한 채 불안해하고 갈피를 잡지 못한다.

이처럼 똑같은 일이라도 그것을 받아들이는 사람에 따라 달라지는 것이다. 그러니 이제는 스스로 감당하고 스스로 이겨내고 스스로 강해져라. 극복하는 순간, 성취감과 자신감을 얻을 것이며 새로운 나를 만나게 될 것이다.

Calm
잘될 일도 서두르면 안 되는 법이다

현대인에게 가장 무서운 병은 조급증이다.
사람들은 서서히 성장하는 것보다
급성장을 자랑거리로 삼는다.
어떤 버섯은 6시간이면 자란다.
호박은 6개월이면 자란다.
그러나 참나무는 6년이 걸리고, 건실한 참나무로 자태를
드러내려면 100년이 걸린다.
-강준민의 『뿌리 깊은 영성』 중에서

초보 마라토너들은 하나같이 이런 오류를 범하고 만다. 초반부터 너무나 빠르게 속도를 낸다. 그러나 그 지나친 의욕과 빨리 달려야 한다는 성급한 마음은 결국, 마라톤을 중도에 포기하게 하거나 아니면 저조한 기록으로 결승선을 통과하게 한다. 누군가는 벚꽃에 대해 이렇게 말했다.

"벚나무의 수명은 짧다. 그 이유는 꽃을 많이 피우기 때문이다. 벚나무는 소나무나 전나무보다 오래 살지 못한다. 아마도 이것이 하늘과 땅의 이치이리라. 한 나라나 한집안의 영광도 오래갈 수 없다. 그래서 벚나무는 무상한 나무다."

우리는 '빨리빨리'라는 말을 입에 달고 산다.

성공을 위해서는 민첩하고 빠른 속도가 필요하겠지만, 빠른 만큼 쉽게 지치고 만다. 빨리 달리는 자동차 안에서는 창밖의 풍경을 제대로 음미할 수 없듯 때로는 행복과 마음의 평화를 얻기 위해 속도를 늦출 필요가 있다.

알렉산더 대왕이 친구로부터 사냥개 두 마리를 선물로 받았다. 어느 날, 대왕은 사냥개를 데리고 토끼사냥에 나섰다. 그런데 그 사냥개들은 토끼를 보고도 전혀 움직이지 않았다.
"야, 이놈들아! 왜 토끼를 쫓지 않느냐!"
성격 급한 알렉산더 대왕은 그 자리에서 사냥개들을 모두 죽여 버렸다. 그리고 사냥개를 선물한 친구를 불러 호통을 쳤다.
"자네, 나한테 왜 쓸모없는 개들을 줬나!"
그러자 친구가 말했다.
"대왕님, 정말로 성급하시군요. 그 개들은 호랑이를 사냥하기 위해 오랜 시간 훈련받은 값비싼 개들입니다."

신중한 판단을 내리기 위해서는 시간이 필요하다.
아무리 급한 일이라도 한발 물러나서 생각해보라. 만약 하루가 지나도 생각에 변함이 없다면 그 일을 해도 좋다.

One more ...

🌸 인생은 권태의 시간인가, 아쉬움의 시간인가

   인생은 강한 소나기나 폭풍처럼 빠르고 순식간이기도 하지만 때론 지루하고 권태롭기도 하다. 아무리 훌륭한 소설 작품이라도 해도 책의 첫 장부터 끝 장까지 다 재미있는 건 아니다. 중간마다 지루하고 싫증이 나는 대목도 있기 마련이다.

   어쩌면 처음부터 끝까지 재미있고 빛나는 소설은 위대한 소설이 아닐 수도 있다. 인간의 삶을 보라. 처음부터 끝까지 빛나는 게 아니지 않은가. 빛나는 시기는 일생에 고작 몇 번에 불과하다.

   소크라테스도 연회의 초대가 밤낮으로 있었던 게 아니다. 그 삶의 대부분은 아내와 함께 지내며 오후에 산책하며 길거리에서 사람을 만나 얘기한 시간이다. 또한, 칸트도 마찬가지다.

   칸트는 쾨니히스베르크에서 태어나 평생 그곳 주위만을 맴돌았다. 십 리 밖에 나가 본 적이 없었다. 다윈도 예외는 아니었다. 세계 일주 여행을 다녀온 후, 그는 남은 인생을 집에서 보냈다.

   소크라테스나 칸트, 다윈 등과 같이 위대한 인물들의 삶을 얘기한 이유는 그들의 삶이 지루하고 권태로웠다는 것을 말하고자 함이 아니다. 지루하고 권태로운 삶 속에서도 그들은 위대해질 수 있었다.

   그 이유는 무엇인가? 보이지 않지만 나름대로 꾸준한 노력이 있었다는 것이다. 얼핏 보기엔 그들의 삶이 심심해 보일 수도 있었겠지만, 그들 자신은 참으로 바쁘고 촉박한 인생이었을 것이다. 노력하고 연구하고 지식을 쌓는데 하루하루가 짧았을 것이다. 노력 없이, 정신적 집중 없이, 고난 없이 어찌 위대한 업적이 탄생할 수 있었겠는가.

그들은 알고자 하는 열망 때문에 쾌락을 즐길 시간적 여유조차 없었다. 다만 휴일이면 육체의 건강을 회복하기 위해 적당한 휴식을 취할 뿐이었다.

인생, 누군가에게는 인생 대부분이 지루함과 권태의 시간이지만 누군가에게는 너무나도 짧고 아쉬운 시간이다.

Diligence
게으름은 성실히 일한 자에게만 주어지는
잠깐의 휴식이에요

성공하지 못한 사람들의 한 가지 공통점은
모든 일에 '꾸물거린다'는 사실입니다.
누가 불러도 벌떡 일어나서 달려나오는 일이 없습니다.
망설이고 꾸물거리다 끝나는 거예요.
-정채봉의 「간장 종지」 중에서

미국의 한 대학교 경제학 교수가 지난 20년간 미국의 백만장자들을 연구했다. 연구결과 주목할 만한 사실이 발견되었다. 미국 부자의 80%가 부모의 재산을 물려받은 것이 아니라 중산층이나 노동자층 가정환경에서 나왔다는 것이다.

백만장자는 선천적 환경에 의한다기보다는 후천적인 삶을 통해 결정된다. 게으름이야말로 부를 위해 가장 경계해야 할 대상이다.

엉덩이가 가벼워야 성공한다는 말처럼 근면하고 노력한다면 가능성은 누구에게나 열려있다.

'날만 새면'이란 별명을 가진 새가 있었다.
새는 따뜻한 낮에 마음껏 놀다가 밤이 되면 추워서 견딜 수가 없

었다.

　새끼 새들은 이런 아빠 새를 원망했다.
　"아빠, 우리도 낮에 집을 지어요."
　"그래, 알았다. 날이 새면 집을 짓자."
　그러나 정작 다음 날이 되면 아빠 새는 또 놀기에 바빴다.
　"아빠, 밤에 편히 자려면 집이 필요해요. 우리도 집을 지어요."
　"알았다. 오늘 밤은 그냥 지내고 날이 새면 집을 짓자."
　날만 새면, 날만 새면을 연발할 뿐 아빠 새는 겨울이 다가와도 집을 짓지 않았고 결국은 모두 얼어 죽고 말았다.

　톨스토이는 말했다.

"게으른 자의 머릿속은 악마가 집을 짓기에 가장 적합한 장소이다."

벤자민 프랭클린은 또 이렇게 말했다.

"부지런한 사람은 만물을 황금으로 만들고, 무형의 시간까지도 황금으로 변화시킨다."

탈무드에는 다음과 같은 말이 있다.

"자식에게 노동을 가르치지 않는 아버지는 자식에게 도둑이 되라고 가르치는 것과 같다."

One more ...

누구나 다 보람차게 일을 해야 한다

늘 피곤하다. 그래서 늦잠은 참 달콤하다. 그러나 마냥 잘 순 없다. 사람은 일해야 하고 활동을 해야 한다.

아침에 일어나기 싫을 때, 이렇게 생각하라.

"그래, 일어나야지. 보람 있는 일을 해야지!"

보람 있는 일을 하기 위해 당신이 존재한다고 생각하면 그깟 피곤쯤이야 이겨낼 수 있을 것이다.

지금 창문을 열고 밖을 내다보라.

개미, 새, 작은 식물도 이미 일어나 활동을 하고 있다. 더는 이불 속에서 게으름에게 굴복해선 안 된다. 물론 휴식이 필요하다. 그러나 자연은 휴식에도 일정한 시간을 정해 놓았다. 그런데도 당신은 때때로 지나친 음주와 과식으로 몸을 망가트리고 휴식의 한계를 벗어나 그 이상의 쾌락을 추구한다. 그런 행동은 결국 자기 자신을 사랑하지 않고 자신이 왜 이 세상에 태어났는지, 그 이유를 망각한 것이다.

자고로, 사람은 일하고 활동을 해야 한다.

조각가가 열심히 조각하고 무용가가 열심히 춤을 추고 등산가는 열심히 산을 오른다. 사람들은 제각기 자기가 맡은 일에 온 정성을 쏟고 자신이 선택한 일이 안전하고 완전한 궤도에 올려놓기 위해 잠까지 잊은 채 열중한다. 자기에게 주어진 일을 열심히 하는 것보다 보람 있는 일은 없을 것이다.

그러니 어서 일어나라. 눈을 떠라. 일을 하라. 활동을 하라. 당신은 움직일 때가 가장 아름답다.

Money
지금 당신의 돈은 어디로 흘러가고 있나요?

난 보름에 한 번씩 며느리의 가계부를 검사했다.
콩나물과 두부, 연필과 공책 값도 철저히 체크했다.
결혼예복을 50년 동안 입었다.
손자들의 속옷을 기워주는 것이 나의 취미다.
그러니 내가 죽어도 나를 위해 꽃을 장식하지 말라.
나는 이승만 대통령의 아내다.

-도너 프란체스카

'부'를 이루기 위한 가장 빠른 방법은 무엇일까. 돈을 많이 버는 것? 틀린 대답은 아니지만, 그보다 좀 더 쉬운 방법이 있다. 바로 불필요한 낭비와 과욕을 버리는 것이다.

파산한 사람은 이렇게 말할 것이다.

"파산의 원인은 낭비입니다. 사업이 한창 잘 될 때 돈을 종이처럼 썼죠."

그리고 성공한 재벌은 이렇게 말할 것이다.

"절제된 생활입니다. 사업이 한창 잘 될 때 종이를 금처럼 썼죠."

오늘날 부자가 되는 방법은 수도 없이 많지만, 낭비를 줄이고 욕망을 절제하고 미래를 위해 저축하는 것, 결코 이만한 진리를 따라올 수는 없다.

일찍이 철학자 루소는 절제를 강조했다.

"절제와 노동은 가장 훌륭한 두 의사다. 절제는 지나친 탐닉을 막고 노동은 식욕을 돋운다."

낭비하지 않는 삶은 최고의 행복을 느낄 수 있게 하고 인생의 비극을 막게 한다.

철학자 제논은 허영이 가득하고 낭비벽이 심한 제자가 있다는 말을 듣고 어느 날 그를 불렀다.

"돈을 물 쓰듯 쓴다고 하던데 그게 사실이냐?"

제자는 조금도 부끄러워하지 않고 말했다.

"그만한 돈이 있어서 쓰는데 무엇이 잘못되었다는 말입니까?"

그러자 제논은 엄한 목소리로 말했다.

"소금이 많이 있다고 요리하는 사람이 음식에 소금을 마구 집어넣어도 되겠느냐! 돈은 살아가는 수단이지 목적이 되어서는 안 된다!"

프랭클린은 12가지 계명을 제시했는데 그 중 가장 첫 번째가 바로 절제였다. 그는 필요 이상으로 먹고 마시는 것을 경계했다. 또한, 본인이나 남에게 이롭지 않은 일에 단 한 푼이라도 낭비해서는 안 된다고 강조했다.

그렇다고 지독한 구두쇠가 되라는 것은 아니다. 돈은 선한 일에 쓸 때 최고의 가치를 가지는 것이다.

록펠러 가문은 최고의 부자이면서도 자선사업으로도 유명하다.

데이빗 록펠러가 어렸을 때의 일이다. 그의 아버지는 그에게 일주일마다 용돈으로 25센트를 주었다. 그리고는 매주 토요일마다 금전출납부를 요구했다. 만약 수입 지출이 엉터리면 돈 일부를 빼앗고 수입 지출을 정확히 기재하면 보너스로 돈을 더 주었다. 더불어 용돈을 줄 때마다 다음과 같은 말을 했다고 한다.

"적어도 돈의 10%는 저축을 하고 10%는 이웃을 위해 써라."

One more ...

돈을 모은 후에도 마음 편할 날이 없다

돈을 버는 것도 중요하지만, 그것을 어떻게 사용하느냐도 중요한 문제다.

당신이 많은 돈을 모았다고 하자. 그럼 그 돈을 어떻게 할 것인가? 그 돈을 차지하기 위해 목을 빼고 기웃거리는 자식에게 모든 것을 다 줄 것인가, 아니면 그동안 고생했던 삶을 보상받기 위해 이롭지 않은 사치한 생활과 쾌락에 빠져 살 것인가. 그런 행동은 교양인답지 못하다.

물론 당신은 돈에서 벗어날 수 없을 것이다. 자선사업을 하자니 돈이 아깝고 새로운 일에 투자를 하자니 두려움이 앞설 것이다. 돈을 벌기 위해 온갖 고초를 겪었는데 돈을 모은 후에도 마음 편할 날이 별로 없다.

결론은 간단하다.

돈을 유익하고 건전하고 행복하게 다스릴 줄 아는 덕망 있는 사람이나 믿을 수 있는 단체에 맡기면 된다. 그럼 돈이 사라진 자리에 행복이 찾아올 것이다.

그리고 만약 당신이 가난하다고 하자. 그럼 돈에 대해 어떠한 태도를 보여야 할까? 그것 역시 간단한 방법이 있다. 당신 수입 중에서 얼마 되지 않는 소액이라도 정기적으로 선행을 위해 써라. 이 일은 누구나 할 수 있는 일이다. 그 때문에 생활이 궁핍해진다고 생각한다면 그건 오산이다. 오히려 그 반대다. 천원을 내주었다면 분명 만원의 행복을 얻을 것이다.

돈으로 살 수 없는 그 무엇이 당신에게 찾아올 것이다. 그 무엇 때문에 당신은 스스로 가난하다고 생각하지 않을 것이며 그 누구보다도 더 부자로 살아갈 것이다.

Bad manners
타성과 나쁜 버릇은 미련 갖지 말고
빨리 버리는 게 좋아요

> 들어오시기 전에 바깥에서
> 그대의 관습을 모두 떨쳐 버리시오.
> 내가 문에다 이런 글을 써 붙여 놓았더니
> 나를 만나려고 나의 집 문을 열려고 하는 사람이
> 아무도 없었다.
> —칼릴 지브란

35년이란 짧은 생을 살면서 600여 곡의 작품을 남긴 모차르트.

그에게 음악을 배우기 위해 찾아오는 사람이 꽤 많았다. 피아노를 치며 작곡에 몰두하고 있던 어느 날, 키가 큰 한 청년이 찾아왔다.

"안녕하세요. 모차르트 선생님."

"댁은 누구시죠?"

"아, 이렇게 불쑥 찾아와서 죄송합니다. 저는 평소에 선생님의 음악과 삶을 존경해왔습니다. 선생님의 제자가 되고 싶습니다. 무례한 부탁인 줄 알지만, 저를 제자로 받아주십시오. 제발 부탁합니다."

청년은 갑자기 무릎을 꿇더니 머리를 조아렸다.

"어서 일어나세요."

모차르트는 입술을 지그시 깨물며 인상을 찌푸렸다. 청년의 간절한 마음은 알겠지만, 하루가 멀다고 제자가 되겠다는 사람이 수도 없이 많이 찾아오기 때문에 좀 귀찮기도 했다. 그렇다고 매일 거절하는 것도 더 이상은 못할 짓이었다.

모차르트는 청년을 뚫어지게 보았다. 청년의 인상은 제법 똑똑하고 성실하게 보였다. 모차르트는 마음속으로 청년을 제자로 받아들이기로 했다.

모차르트는 친절한 말투로 청년에게 물었다.

"당신은 음악을 배운 적이 있습니까?"

청년은 자신감에 찬 얼굴을 하고는 씩씩하게 말했다.

"예. 저는 어릴 적부터 피아노를 쳤습니다. 연주회도 몇 차례 가진 경력도 있습니다. 그리고 바이올린도 10년을 넘게 배웠습니다. 연주 실력이라면 그 누구보다도 더 잘할 자신이 있습니다."

청년의 대답을 들은 모차르트는 고개를 끄덕였다.

"자신감 있는 당신의 모습이 참 보기 좋습니다."

"감사합니다. 그럼 저를 제자로 받아들여 준다는 말씀입니까?"

"물론입니다. 당신을 제자로 받아들이겠소."

청년은 날아갈 듯이 기뻤다. 위대한 작곡가 모차르트의 제자가 되었으니 이보다 더 영광스러운 일이 어디 있겠습니까.

모차르트는 잠시 머뭇거리더니 아주 비싼 수업료를 청년에게 요구했다.

청년은 고개를 끄덕이며 말했다.

"위대한 작곡자 모차르트 선생님의 제자가 되었는데 돈이 중요합니까? 돈은 얼마든지 지급하겠습니다."

그런데 그때였다. 얌전하게 생긴 아가씨가 모차르트를 찾아왔다. 아가씨, 역시 모차르트의 제자가 되고 싶어 찾아온 것이다.
아가씨는 정중히 인사를 하고 입을 열었다.
"모차르트 선생님, 저를 제자로 받아주세요. 선생님께 진정한 음악을 배우고 싶습니다."
모차르트는 고개를 끄덕이며 아가씨에게 물었다.
"당신은 음악을 배운 적이 있습니까?"
아가씨는 고개를 푹 숙인 채 작은 목소리로 말했다.
"죄송합니다. 전에 음악을 배운 적이 없습니다. 그러나 앞으로 열심히 배워서 선생님보다 더 훌륭한 음악가가 되겠습니다."
아가씨는 음악을 전혀 모르는 것 때문에 모차르트가 자신을 돌려보내지 않을까 내심 불안했다. 그러나 모차르트는 의외의 반응을 보였다.
"좋습니다. 당신을 제자로 받아들이겠습니다."
아가씨는 펄쩍 뛰며 좋아했다. 그러나 그 기쁨도 잠시 아가씨의 얼굴은 먹구름처럼 어두워졌다.
아가씨는 나지막한 목소리로 말했다.
"선생님, 그런데 저에게 돈이 별로 없습니다. 수강료를 좀 깎아주

시면 안 되나요?"

그러자 모차르트는 고개를 내저으며 말했다.

"수강료라니요? 아가씨에겐 수강료를 받지 않겠습니다."

옆에 서 있는 청년은 의아한 표정을 지었다. 자기에게는 아주 비싼 수강료를 요구하면서 아가씨에게는 무료라니 이해할 수가 없었던 것이다.

청년은 입술을 내밀며 불만스러운 말투로 말했다.

"모차르트 선생님, 왜 저는 비싼 수업료를 받고 왜 아가씨는 무료입니까? 저는 오래도록 음악을 공부한 사람입니다. 그리고 아가씨는 음악을 모르는 사람입니다. 그런데 왜 제가 수업료를 많이 내야 합니까!"

그러자 모차르트는 그 이유를 천천히 말해 주었다.

"나의 수업 방식은 이렇습니다. 음악을 이미 배운 사람들을 가르칠 때는 우선 찌꺼기를 제거하는 작업을 먼저 합니다. 그것은 아주 힘든 작업이지요. 그러므로 당신에게 비싼 수업료를 요구한 것입니다. 아무것도 없는 백지에 그림을 그리는 게 더 쉬운 일입니다. 그러니 이 아가씨에겐 그냥 가르쳐주는 것입니다. 이해하시겠습니까?"

가느다란 나뭇가지는 손쉽게 꺾을 수 있다. 그러나 그 나무의 뿌리까지 뽑아야 한다면 그건 여간 어려운 일이 아니다. 뿌리가 깊숙이 땅속에 박혀 있기 때문이다. 여기서 말하는 뿌리는 이미 굳어진 습관이나 사상이라 말할 수 있다. 한 번 몸에 밴 습관이나 사상은 쉽게 바꿀 수 없다.

그 습관이나 사상이 옳은 것이라면 더할 나위 없지만, 그것이 행여 잘못된 것이라면 큰 문제다. 완전히 굳어버리기 전에, 더 늦기 전에 하루라도 빨리 과감히 잘라내야 한다. 한 번 굳어진 습관은 바위처럼 단단하다. 제아무리 힘을 써도 움직이지도 않고 사라지지도 않는다.

지금 당신이 생각하는 것들, 생활하는 것들을 하루빨리 점검하기 바란다. 그것이 옳은 것인지 아니면 버려야 하는지. 나쁜 습관은 시간이 지날수록 더더욱 접착력이 강해지는 습성이 있기에 하루라도 빨리 삶을 되돌아봐야 한다.

One more ...

고칠 수 있는 것을 고치지 않는 건 어리석은 일이다

당신은 겨드랑이나 입에서 냄새가 나는 사람을 만난 적이 있을 것이다.

당신은 그런 그들에게 화를 내는가? 화를 낸다면 그 때문에 당신이 얻을 수 있는 이익은 무엇인가? 아마도 그다지 없을 것이다. 그 이유는 겨드랑이나 입 냄새는 선천적으로 타고난 냄새이기 때문이다. 선천적으로 타고난 것을 바꾸라고 말한다면 그 사람은 난감해할 것이다.

　그 사람도 충분히 이성적인 사람이기 때문에 알고 있다. 자신에게서 악취가 난다는 사실을. 그러나 이성만으로 그것을 고칠 수 없다. 본성에 가까운 것이기에.

　그러나 만약 당신의 이성으로 상대방의 결점을 고칠 수 있다면 조금도 망설일 필요는 없다. 그 잘못을 지적해주고 일깨워 줘라. 그리고 따뜻한 위로와 함께 도움을 줘라. 그 사람이 당신의 호의를 기꺼이 받아들이고 당신에게 도움을 청한다면 당신도 좋고 상대방도 좋다. 그러나 아무리 노력해도 상대방이 고칠 수 없는 것이 있다면 그냥 내버려 둬라. 또한, 그 결점에 대해 화낼 필요도 없다. 고치려 해도 도저히 고칠 수 없는 것들이 있기 마련이다.

Healing chair

사랑을 의심하지 않기

훌륭한 부모의 슬하에 있으면
사랑에 넘치는 체험을 얻을 수 있다.
그것은 먼 훗날 노년이 되더라도 없어지지 않는다.
-베토벤

　아이젠하워가 미국의 34대 대통령으로 당선되었을 때, 많은 기자가 아이젠하워와 인터뷰를 하기 위해 집으로 찾아왔다.
　기자들은 아이젠하워에게 수많은 질문을 해댔다.
　"우선 축하합니다. 앞으로 미국을 어떻게 이끌 것입니까? 간단히 계획을 말씀해주십시오."
　아이젠하워는 차분하게 말했다.
　"국민이 저를 뽑아주셨으니 국민의 뜻대로 할 것입니다. 잘 지켜

봐 주십시오. 그리고 많이 응원해주십시오."

인터뷰 내내, 늙은 한 분이 이리저리 돌아다니며 기자들에게 시원한 음료수를 건넸다. 그 사람은 바로 아이젠하워의 어머니였다. 어머니는 기자들에게 정중히 인사를 하며 작은 소리로 말했다.

"내 아들 잘 좀 부탁합니다. 아직은 부족한 것이 많습니다. 그러니 기자님들이 잘 좀 봐주세요."

"무슨 말씀이세요. 오히려 대통령님께서 우리를 잘 봐줘야죠. 음료수 감사히 마시겠습니다."

아이젠하워는 앞으로의 국정 운영에 대한 포부를 기자들에게 밝혔다. 인터뷰는 그렇게 흘러갔다. 그런데 갑자기 한 기자가 화제를 돌려 아이젠하워 어머니를 바라보았다.

"어머님께 질문을 하나 해도 되겠습니까?"

어머니는 고개를 끄덕였다.

"어머님, 훌륭한 아드님을 두셔서 정말 자랑스럽겠습니다. 아드님은 어릴 때 어땠습니까? 착실한 모범생이었습니까? 아니면 개구쟁이였습니까?"

그러자 어머니는 잠시 머뭇거리더니 되레 기자에게 질문했다.

"기자 양반, 금방 질문 중에 훌륭한 아들을 둬서 자랑스러울 거라 했죠?"

기자는 고개를 끄덕였다.

"예. 그렇습니다만."

어머니는 기자에게 되물었다.
"자랑스러운 아들이라고 했는데 어떤 아들을 말하는 겁니까?"
어머니에게는 일곱 아들 모두가 다 자랑스러웠던 것이다.

고슴도치 어미도 제 새끼라면 큰 애이건 둘째이건 막내이건 모두 다 털이 보드랍다고 생각한다. 누가 더 예쁘고 누가 더 미운 것이 아니다. 똑같은 마음으로 똑같이 사랑한다. 하지만 우리는 부모의 사랑을 의심한다. 유독 나만을 덜 사랑한다고, 누구를 더 사랑한다고. 그건 잘못된 생각이다.
어찌 그런 부모가 있겠는가. 지금 당신의 다섯 개의 손가락을 차례로 깨물어 보아라. 어디 하나 아프지 않은 게 있는가. 다 아프다. 그게 바로 세상 모든 부모의 마음이다. 부모의 사랑이 부족하다고 투덜대기 전에 내가 먼저 그 사랑을 보여라. 받는 것에 너무 익숙해지면 주는 법을 까먹는 법이다.

Individuality
어떤 색깔로 살고 있나요?

일생을 살아가면서 가장 필요한 것은
권력도 아니고 돈도 아니다.
각자가 생각해 낸 독자적인 비결만이
든든한 밑거름이 되어 줄 것이다.
남이 흉내 낼 수 없는 독특한 비결만이
언제 어떠한 상황에서건 도움이 될 것이다.
-야베 마사아키의 『유대인의 교섭전략』 중에서

세상에는 수많은 색깔이 있다. 빨강, 파랑, 노랑, 초록, 감청, 검정, 하양….

펄떡이는 물고기처럼 뛰노는 아이들에게도 저마다의 색깔이 있다. 하지만 그 선명한 색깔들은 하루하루 삶을 채워가며 점점 희미해지고 끝내는 무채색 인간이 되어 허망하게 삶을 마감하곤 한다.

'나'를 '나'라고 말할 수 있도록 해주는 나만의 색깔, 그러한 색을 만들고 싶다.

카네기의 직원 채용에 관한 이야기는 유명하다. 그는 수험생들에게 상자 하나를 꺼내놓으며 다음과 같이 말했다.

"자, 포장된 끈을 풀어보게."

시험을 보러 온 수험생들은 하나같이 쪼그려 앉아 차근차근 꼼꼼하게 끈을 풀었다. 그러던 중 한 젊은이가 과감하게 칼로 끈을 잘라 내 버렸다. 카네기는 만면에 미소를 지으며 이 젊은이를 직원으로 채용했다.

호프.zip(술집), 개 팔자 상팔자(애견센터), 금방 슈(과일 집), 아디닭스(치킨집), 광어생각(횟집)…. 사람들의 관심을 끌기 위한 자기만의 색깔이 중요한 시대다.

당신의 가치를 높이고 분명한 색깔을 가지기 위해서는 무엇이 필요할까?

첫째, 남들과 다른 요소가 있어야 한다.
둘째, 상대방이 진정으로 원하는 것을 줄 수 있어야 한다.
셋째, 사람을 대함에서 가식이 없어야 한다.

이 세 가지만 잘 지킨다면 당신이라는 브랜드는 세상에서 하나밖에 없는 명품브랜드가 될 것이다.

One more …

사람은 공통점을 원하고 차별화를 원한다

유유상종(類類相從)이라는 말이 있다.

같은 것끼리 모인다는 것이다. 백조는 백조와 어울리고 까마귀는 까마귀와 어울리고 고양이는 고양이와 어울린다. 동물만 그러겠는가.

공통점을 가진 것끼리 서로 결합하고 어울리려는 것은 만물의 본성이다. 흙의 성질을 가진 것들은 흙으로 향하고, 물의 성질을 가진 것들은 물로 향한다. 그것을 떨어뜨리기 위해선 물리적인 힘을 가해야 한다. 그래서 그들은 저항하면서도 끝끝내 결합하고 어울리기를 원한다.

인간도 마찬가지다.

자기와 비슷한 성질, 자기와 비슷한 성격과 어울리고자 한다. 또한, 학연이나 지연 등을 따진다. 그래서 간혹, 정치적 집회나 모임 등으로 서로의 공통점을 발산하기도 한다.

그러나 세상 모든 사람이 서로의 공통점만을 쫓진 않는다. 공통점을 거부하는 사람들도 있다. 같다는 것에 언짢음을 느끼고 서로 협력한다는 것을 못 마땅히 여기며 상호교류에 대해서도 부정적이다. 그렇다고 그런 사람들을 이상한 눈으로 볼 필요는 없다. 공통점을 거부하는 그 사람들도 우리가 모르게 공통점을 가진 자들과 최소한의 교류를 하고 있으니까. 다만 그들은 자기만의 개성과 차별화에 집착하는 또 다른 모습의 우리 자신일 뿐이다.

Hope
벼랑 끝에서 기적처럼 재기한 사람에게 배우세요

> 얼음장 밑에서도 고기는 헤엄을 치고
> 눈보라 속에서도 매화는 꽃망울을 튼다.
> 절망 속에서도 삶의 끈기는 희망을 갖고
> 사막의 고통 속에서도 인간은 오아시스의 그늘을 찾는다.
> 눈 덮인 겨울의 밭고랑에서도 보리는 뿌리를 뻗고
> 마늘은 빙점에서도 그 매운맛 향기를 지닌다.
> ―문병란 「희망가」 중에서

살다 보면 누구에게나 절망의 시기가 찾아온다. 하고자 하는 목표를 달성하지 못했을 때, 아끼고 소중한 걸 잃어버렸을 때, 견디기 어려운 고난이 뱀 꼬리처럼 길어질 때 절망에 빠지고 만다.

절망에 빠진 사람들은 삶의 의욕도 삶의 이유도 잃게 된다. 그러나 세상의 그 어떤 절망이라도 헤어 나오지 못할 만큼의 절망은 없다. 절망은 희망의 짓궂은 장난일 뿐이다. 절망의 모퉁이를 지나가면 희망의 길이 우리를 기다리고 있음을 알아야 한다.

자전거를 처음 배웠을 때를 기억하는가?

많이 넘어지면 넘어질수록 더 빨리 배우고 페달을 구르면 구를수록 더욱 빨리 달릴 수 있다. 넘어지는 것이 두렵다고 자전거에서 내려오거나 무릎이 아프다고 페달을 멈춘다면 자전거는 달리지 않는다. 절망이 깊을수록 희망의 페달은 더욱 힘차게 밟아야만 한다.

노인과 젊은이가 길을 잃고 황무지를 지나가고 있었다. 땅은 뜨거웠고 아무리 걸어도 그 끝은 보이지 않았다. 젊은이는 더는 걷지 못하고 자리에 쓰려졌다.

"이제 우린 죽었어요. 더는 걸을 필요가 없어요. 차라리 이 자리에서 편하게 죽음을 맞이하는 게 낫습니다."

그러자 노인이 저 앞을 가리켰다.

"저기 앞을 보게. 무덤들이 봉긋봉긋 있구먼."

노인의 말에 젊은이는 더더욱 절망감에 빠졌다.

"저 무덤 옆에 우리의 무덤도 나란히 생기겠군요."

"자네는 무덤을 보면서 그런 생각을 했나? 나는 희망을 발견했네."

"희망요? 그게 무슨 소리인가요?"

"무덤이 있다는 것은 마을이 가까이에 있다는 증거지. 이제 우리는 살았어."

행복의 진정한 가치는 어디에서 오는 것일까?

절망과 좌절을 경험한 자만이 얻을 수 있다. 성공과 행복은 실패하지 않는 자의 몫이 아니라 실패에도 다시 도전하는 자의 몫이다.

명심하라. 한숨을 내쉴 시간조차 없다. 지금은 희망의 페달을 마구

돌려야 하는 순간이다.

One more ...
🌸 백 개의 절망을
한 개의 희망이 이긴다

  우리의 삶에서 없어서는 안 될 것이 참으로 많다. 사랑도 그렇고 우정도 그렇고 열정도 그렇다. 이중에 하나 정도 없다고 해서 삶이 끝나는 건 아니다.

  그러나 절대로 없어서는 안 되는 것 하나가 있다. 그건 바로 '희망'이다.

  만약 당신의 인생에서 희망을 제외한다면 당신의 인생은 대체 무엇이란 말인가? 희망이 없으면 일하는 의미도 없고 공부하는 의미도 사라지게 된다. 또한, 희망이 없다면 도덕적으로 살 이유도 없다. 곧 향락에 빠질 것이다.

  "먹고 마시자. 어차피 내일 죽을지도 모르는데…."

  술, 도박 등으로 인생을 낭비하고 벌레처럼 되어갈 것이다.

  우리는 지금 희망이 없는 '절망의 시대'에 살고 있다.

  사람들의 말 속에서 절망의 숨소리가 들려온다.

  절망으로 가득 찬 삶은 절대 행복할 수 없고 절망이 깊으면 자살을 하거나 타인에게 상처를 입히고 만다. 오늘날 세계가 직면하고 있는 문제 중의 하나다.

  그러나 퍽 다행스러운 건 100개의 절망을 이겨내기 위해 100개의 희망이 필요한 게 아니라는 것이다. 단 하나의 희망으로도 모든 절망을 이겨낼 수 있다.

  그 하나의 희망, 바로 당신으로부터 시작하는 건 어떨까.

Positiveness
적극적인 사람이 결국 하나 더 얻을 수 있어요

> 나쁜 날씨란 없어요.
> 어떤 날씨든 얼마든지 즐길 수 있다는
> 사실을 알게 되었거든요.
> 비오는 날을 좋아하겠다고 생각하면
> 정말로 비오는 날이 좋아졌지요.
> 내가 원하는 대로 날씨를 만들 수 없다면
> 차라리 하루하루 내게 주어지는 날씨를
> 맘껏 즐기는 편이 낫지 않겠어요?
> -테리 햄튼, 로니 하퍼의 『고래뱃속 탈출하기』 중에서

똑같은 기회가 주어졌는데도 그 기회를 잡는 사람이 있는가 하면, 놓치는 사람도 있다. 서로의 능력 차이도 있겠지만, 문제 대부분은 바로 적극성에 있다. 적극적인 사람은 실패를 맛볼지라도 그 실패를 딛고 다시 도전하여 성공을 이끌어 낸다.

그러나 소극적인 사람은 남의 성공만을 뒤늦게 따라 한다. 여기에서 성공과 실패가 판가름 나는 것이다.

미국의 소매상협회에서 세일즈맨의 거래실적과 적극성에 대한 상관관계를 발표한 적이 있다. 세일즈맨 중 48%는 단 한 번 권유하고 포기한다고 한다. 두 번 권유하는 사람은 25%, 세 번 권유하는 이는

15%였다. 그리고 12%만이 네 번 이상 권유한다고 응답했다.

그러나 거래실적을 분석해보면 네 번 이상 권유하는 12%의 세일즈맨이 전체 판매량의 80% 이상을 차지하고 있다고 한다.

미국에 월터 하비라는 사람이 있다.

그는 직장을 얻기 위해 백방으로 노력했으나 경제공황 탓에 일자리를 구하기가 어려웠다. 그는 뉴욕에만 3백 93개의 체인점을 가진 약국에 3백 93통의 편지를 보냈다.

"이번에는 분명 연락이 오겠지?"

그러나 단 한 군데에서도 연락은 오지 않았다. 그러나 그는 포기하지 않았다.

"그래, 조금 더 적극적인 방법을 찾자."

그는 입사 지원서를 들고 약국 본사를 찾아가서 자신을 소개했다.

"저는 월터 하비입니다. 저는 이 약국…."

그러자 직원이 이미 알고 있다는 듯 고개를 끄덕였다.

"알고 있습니다. 당신을 기다렸습니다. 당신이 보낸 3백 93통의 편지를 모두 모아두었답니다."

결국, 그는 약국에 취직되었고 얼마 뒤에는 최고 관리직에 올랐다.

적극적인 사람에게는 그만큼 더 많은 기회가 주어진다. 언제나 팔짱을 낀 채 관망만 하는 주변인이라면, 남이 행동하면 마지못해 따라 하는 사람이라면, 그의 인생 역시 별 볼 일 없어진다.

파스칼은 그의 작품 《팡세》에서 이렇게 말했다.

"위대한 인간도 비천한 인간도 같은 사고, 같은 불만, 같은 욕망이 있다. 그러나 비천한 인간은 차바퀴의 주변에 자리 잡고 있는 데 비해, 위대한 인간은 차바퀴의 중심에 자리 잡고 있어서 같은 회전과 흔들림에도 조금밖에 움직이지 않는다."

적극적인 태도는 세상의 중심에 서게 하고 어떤 어려움과 고난에서도 흔들림 없이 자신의 길을 갈 수 있게 만드는 든든한 무기가 된다.

One more ...

🌸 열쇠를 꽂는다고 문이 열리지 않는다

이 세상에 고민 없는 사람이 어디 있겠는가.

고민에서 벗어날 수는 없다. 그러나 지나치게 고민거리를 안고 사는 사람들이 있다.

남자의 경우를 보자.

회사 일이나 사업으로 생긴 고민거리를 집까지 끌고 온다. 거기에 멈추지 않고 가장 편안하고 내일을 준비해야 할 침대에까지 고민거리를 놓지 않는다. 내일 또 일과 충분히 맞서기 위해선 충분한 휴식이 필요한데도 아주 늦은 시간까지 고민과 싸우느라 힘을 다 소진한다.

이불 속에서 걱정한다고 해서 뾰족한 수가 생기는 것도 아니다. 그 고민은 결국 불면증을 일으키고 피곤뿐만 아니라 판단력을 흐리게 하고 우울증까지 주게 한다.

고민거리 앞에 슬기롭게 대처하자.

고민의 시간은 최소한으로 줄이고 행동으로 해결하자. 예를 들어 회사로부터 퇴직을 권유받았거나 사귀는 애인이 불미스러운 일을 했다고 하자. 그런 엄청난 일이 막상 들이닥치면 누구나 다 속수무책일 것이다. 하루를 고민으로 시작해서 고민으로 끝날 것이다.

그러나 명심할 게 있다. 고민과 해결책은 별개다. 고민을 오래 한다고 해서 해결책이 생기는 건 아니다.

그러니 고민하는 것 자체가 무의미할 수도 있다. 그걸 깨닫는다면 당연히 고민은 적어지기 마련이다.

아울러 고민을 하고자 한다면 문제를 해결할 수 있는 최고의 집중력을 발휘하라. 사색하라. 그리고 절대로 우유부단하지 마라. 우유부단처럼 체력과 정신을 소모하는 일은 없고 무익한 것도 없다. 오직 해결책은 행동뿐.

열쇠를 꽂는다고 문이 열리는 게 아니다. 열쇠를 돌려야 문이 열리는 것이다.

Time
시간 앞에 부끄럽지 않은 오늘을 보냈나요?

사람들의 일생이란 것은
무한한 시간의 아주 짧고 작은 부분에 불과하다.
그러므로 아끼고 조심히 다뤄야 한다.
또한, 그 짧은 일생에 전력을 기울여
자기 자신에게 가능한 모든 일을 다 해야 한다.
-사이드 벤 하메드

누군가가 돈을 꾸어달라고 하면 대부분 사람은 뒤로 물러나며 망설인다. 그러나 누군가가 할 말이 있다거나 함께 놀러 가자고 하면 사람들은 흔쾌히 고개를 끄덕인다. 이처럼 시간을 빌려주는 것은 그리 대수롭지 않게 생각한다. 돈의 지출은 눈에 보이지만 시간의 지출은 눈에 보이지 않기 때문이다.

그러나 이것은 수박 껍질만 먹고 알맹이는 버리는 것과 같다. 성공을 꿈꾼다면, 더 나은 삶을 열망한다면 시간의 가치를 잡아야 한다. 돈의 가치보다 시간의 가치가 더 크다는 걸 깨닫는 순간, 당신은 이미 성공의 반열에 오른 것이나 다름없다.

사형대에 오른 젊은이가 있었다.

"자네는 잠시 뒤 사형을 당하네. 마지막으로 5분이란 시간을 줄 테니 마음의 정리를 하게."

젊은이는 최후의 5분을 이렇게 썼다. 사는 동안 인연을 맺은 사람들과 작별 기도를 하는 데 2분, 하느님께 감사하고 감옥 사람들과 작별하는 데 2분, 그리고 땅과 하늘과 자연과 작별하는 데 1분, 그렇게 5분이 지났다. 5분이 지나니 죽음의 공포가 찾아왔다. 그리고 또 다른 생각이 스쳐 지나갔다.

"나에게 이 5분이란 시간을 더 줬으면…." 그동안 헛되게 보낸 시간과 세월에 대한 후회였다.

조금 뒤 기적적으로 사형집행은 취소되었고 그 젊은이는 죽음을 모면할 수 있었다. 자유의 몸이 된 젊은이는 단 1분, 1초도 헛되이 보내지 않았다. 그 결과 《죄와 벌》《카라마조프의 형제들》과 같은 위대한 작품을 남길 수 있었다. 그 젊은이의 이름은 도스토옙스키였다.

지금도 구름이 흐르고 강물이 흐르듯 시간은 흘러가고 있다.

붙들 수 없다고 안타까워만 하지 말고 그 흐름에 몸을 실어 시간의 주인이 되어라. 성공하는 사람들은 대부분 시간관리에 철저하다. 그들은 무언가를 결정할 때 최고의 집중력을 발휘하고 선택할 때는 과감한 결단으로 시간 낭비를 줄인다.

과거에 대한 집착보다는 언제나 미래에 대해 투자한다. 시간은 누구에게나 주어지지만 아무나 시간을 황금으로 만드는 것은 아니다.

당신의 시간을 황금의 시간으로 만들어라.
창조의 시간은 희망의 미래를 만든다.
운동의 시간은 뜨거운 열정을 만든다.
독서의 시간은 맑은 영혼을 만든다.
사랑의 시간은 아름다운 인생을 만든다.

One more ...

이 순간을 낭비하지 말고 온 힘을 다해 붙들자

가령 인간이 3천 년을 산다고 하자. 아니, 3만 년을 산다고 하자. 그렇다고 과거를 사는 것도 아니고 미래를 사는 것도 아니다.

100년을 살든 50년을 살든 지금 이 순간을 사는 것이다. 지금 이 순간 외의 삶은 누릴 수 없다.

긴 삶이든 짧은 삶이든 소멸하는 시기는 각기 다르지만, 현재는 만인에게 똑같이 주어진다.

그렇다면 당신은 언제나 이 두 가지를 명심해야 한다.

첫째, 이 세상 만물은 인류가 존재하기 전부터 지금까지 늘 똑같은 형태로 순환되어 있다. 따라서 인간이 백 년, 2백 년, 아니 영원히 함께 하더라도 본질에서는 아무런 차이가 없다는 것이다.

둘째, 만년을 산 사람이나 이제 막 태어나 바로 죽은 아이나 이 세상에서 사라진다는 것은 같다. 둘 다 상실감을 느끼는 것은 마찬가지란 말이다.

우리가 소유해야 할 것은 과거도 미래도 아니다. 바로 현재이고 지금이며 이 순간이다. 이 순간을 놓치지 말고 낭비하지 말고 온 힘을 다해 살아라.

Discontent
불평이 그렇게 많아서 어떻게 하려고요?

불평과 거짓말은 나 자신을 약하게 하는
가장 빠른 방법이다.
강한 사람은 불평을 입에 올리지 않는다.
구멍 난 자기 집 앞을 불평과 거짓말로 메우지 말고
진실로 메워나가야 한다.
-필립 체스터필드

힘든 일이 닥쳤을 때, 아무런 불평 없이 묵묵히 그 일을 견디며 해결하는 사람이 있는가 하면, 투덜투덜 불평을 내뱉으며 늑장을 부리는 사람이 있다. 불평만을 늘어놓는 사람은 자신이 처한 현실을 상대방의 잘못으로 떠넘겨 자신의 문제를 해결하려는 나약한 사람일 것이다.

불평은 습관이고 버릇이다. 불평이 늘어날수록 자신은 나약해지고 상대방은 멀어진다는 것을 알아야 한다.

대개 불평은 남들과 자신을 비교하는 데에서 비롯된다. 하나와 둘이 차이가 있듯 사람과 사람 사이에는 분명한 차이가 있기 마련이다. 그러기에 나의 부족함을 남의 넘침에 비교하기 시작하면 거기에서부터 불평이 싹트는 것이다.

　쓸데없는 비교를 버려라. 그러면 불평은 뺑소니차처럼 쥐도 새도 모르게 사라질 것이다.

　또한, 불평은 자신의 욕심과 욕망만을 채우려는 어리석음에서 시작된다. 불평을 없애기 위해서는 움켜쥔 모든 것들을 놓아야 한다.

　매사에 늘 불평만을 늘어놓는 한 청년이 있었다.

　그런 청년이 어느 날 자기 자신을 바꾸기 위해 수도원을 찾아갔다. 그리고 정중히 수도원장에게 부탁했다.

　"저를 받아주십시오."

　아무 말 없던 수도원장이 이런 제안을 했다.

　"좋습니다. 그러나 조건이 있습니다. 당신은 침묵을 가슴에 담고 살아야 합니다. 단, 5년 후에 한마디씩만 할 수 있습니다."

　그렇게 5년이 지났다. 드디어 청년은 한마디 할 수가 있었다.

　"잠자리가 너무나 불편합니다!"

　또다시 5년이 흘렀다. 청년이 두 번째로 내뱉었다.

　"반찬이 너무 없어 밥맛이 없어요!"

　수도원장은 고개만 끄덕일 뿐 말이 없었다. 세월은 흘러 다시 5년이 흘러갔다. 청년이 세 번째 말을 내뱉었다.

　"정말로 싫습니다. 이곳에선 못 살겠어요!"

　"그럼, 그렇게 하세요. 당신은 여기에 있을 필요가 없습니다. 여기서 사는 15년 동안 당신은 결국 불평뿐이군요."

여기서 15년은 아침, 점심, 저녁을 뜻한다. 이 청년은 온종일 불평만 쏟아냈던 것이다.

One more …

🌸 선은 선을 부르고
불평은 불평을 부른다

인생을 선하고 긍정적으로 살아야 한다.

먼저 선에 대해 생각해보자. 선하게 살고자 한다면 일단 선한 마음을 가져보라. 선한 눈을 가져라. 선한 귀를 가져라. 선으로 온몸을 무장하고 선으로 마음을 가득 채운다면 그 어떤 악도 쉽게 침범할 수 없으며 결국 악도 마음을 고쳐먹고 선으로 바뀌게 된다. 그리고 선을 많이 생각하면 할수록 선을 행할 기회가 더 많이 찾아온다.

주위를 한번 보라. 선한 사람은 늘 선하고 악한 사람은 늘 악하지 않은가? 선에도 욕심이 있다. 자꾸자꾸 선을 베풀면 더 많은 선을 베풀고 싶은 것이다.

긍정에 대해 생각해보자. 뜻하지 않는 역경이 들여 닥쳤을 때, 부정적으로 받아들이지 말자. 한 계단 더 높아지기 위한 단계라고 받아들이자. 그리고 작은 고민은 작게 생각하고 큰 고민은 크게 생각하는 현명함을 갖추자.

  자질구레한 고통과 큰 차이의 고통도 알자. 또한, 아무리 작은 기쁨에도 기뻐하고 만족할 줄 알자. 조그마한 불행에도 큰 불평을 늘어놓는 사람은 지금 겪고 있는 불행보다 더 큰 불행을 불러오게 된다. 왜냐하면, 불행으로부터 늘 불평하는 걸로 낙인이 찍혔기 때문이다.

Conquest
당신에겐 두려움을 정복할 힘을 가지고 있나요?

> 잠재의식은 힘세지만, 겁 많은 코끼리와 같다.
> 방향을 잘 인도하면 세상을 정복하는 힘을 주지만
> 두려움에 사로잡히면
> 도리어 주인을 짓밟고 해칠 수 있다.
> —마크 피셔 『Spirit(부자를 만드는 영혼의 힘)』 중에서

새로운 것들과의 만남은 언제나 두려움과 설렘을 함께 느끼게 한다.

이 세상에 처음 나왔을 때, 낯선 환경과 낯선 시선들 때문에 울음을 터뜨리지만, 엄마의 품에 안김과 동시에 설렘과 평화와 안정을 찾는다. 자라면서도 늘 두려움과 설렘은 공존한다.

심리학자인 나폴레온 힐은 인간이 갖는 두려움을 7가지로 말하고 있다. 바로 가난, 실패, 질병, 실연, 속박, 노쇠, 죽음이다.

우리는 살아가는 동안 두려움에서 완벽히 벗어나질 수는 없다. 다만 두려움을 얼마나 줄이고 살 수 있는가가 스스로 삶을 결정하는 것이다.

2차 세계대전 당시 전쟁터에서 죽은 사람보다 두려움으로 말미암은 심장병 때문에 죽은 사람이 더 많았다고 한다.

초대장을 보내지 않아도 두려움은 수시로 찾아온다. 어차피 찾아 올 두려움이라면 정면으로 맞서야 한다. 그것이 현명한 방법이다.

어떤 전쟁터에서 장군이 두 병사를 불렀다.
"너희는 적진 깊숙이 들어가서 적의 상황을 정탐하고 오너라."
그런데 두 병사 중에 한 사람은 키도 크고 또한 용감하여 조금도 두려운 기색이 없었다. 그러나 다른 사람은 왜소하고 나약함에 벌벌 떨었다.
두 사람은 다행히도 무사히 적진을 탐지하고 돌아왔다. 장군은 왜소하고 나약한 병사의 등을 두드려 말했다.
"너야말로 참으로 훌륭한 군인이다. 두려움을 가졌지만, 사명감으로 두려움을 극복한 너, 너야말로 진정한 군인이다."
컵 안에 맑은 물이 하나 가득 들어있는데 잉크 한 방울이 떨어지면 컵 안의 물은 삽시간에 잉크 색으로 물들게 된다.
두려움도 마찬가지다. 두렵다는 생각에 사로잡혀 앞으로 나가지 못한다면 그 두려움은 더더욱 커져 결국, 그 자리에 주저앉고 만다.

'삶은 99%의 두려움과 1%의 희망이다.'라는 말이 있다. 우리는 1%의 희망을 믿고 성공의 창문을 뒤덮은 두려움의 커튼을 걷어내야 한다. 두려움도, 두려움을 이겨내는 힘도 모두 다 마음속에 있다.
이른 아침 눈을 떠 두려움을 선택할 것인가, 아니면 희망을 선택할 것인가는 바로 자기 자신의 몫이다.

One more ...

마음이 흔들리지 않으면 극복 못 할 일이 없다

    마음의 중심이 흔들리면 인생이 흔들리고 미래가 흔들리고 상처를 받게 된다.
    이 세상 사람들이 당신에게 욕을 퍼붓고 야수들이 당신의 육체를 갈기갈기 찢고 짓밟아도 마음의 중심을 잡고 절대로 평온과 침착함을 잊지 마라.
    비록 세상 모든 것이 당신의 적이라 할지라도 당신이 마음의 중심을 잡고 있는 한 주위 모든 사물에 대해 올바른 판단을 내리고 존재하는 것을 잘 이용하려는 당신의 의지는 그 누구도 방해할 수 없다.
    그러므로 세상 사람들이 당신을 어떻게 생각하든 개의치 마라. 당신이 간직하고 있는 정의가 변치 않는다면 당신의 본질은 절대 변하지 않는다.
    그리고 지금의 난관에 대해 너무 비관하지 마라. 현재 일어나는 모든 일은 당신의 의지를 시험할 좋은 기회로 생각하라. 아울러 당신이 겪고 있는 이 모든 일은 그 누군가가 이미 겪은 일이기도 하다.

모든 것은 하늘의 주관으로 일어나는 것이기에, 전혀 새로울 것도, 극복하기 어려운 것도 아니다.

Present
과거를 버리면 현재라는 소중한 선물을
얻을 수 있어요

> 어제는 이미 과거 속에 묻혀 있고 미래는 아직 오지 않은 날이라네.
> 우리가 살고 있는 날은 바로 오늘, 우리가 사용할 수 있는 날은
> 오늘 우리가 소유할 수 있는 날은 바로 오늘뿐.
> 오늘이 30번 모여 한 달이 되고 오늘이 365번 모여 일 년이 되고
> 오늘이 3만 번 모여 일생이 된다.
> ─토머스 칼라일

등산할 때 초콜릿 한 조각이 지친 몸과 마음을 다시 일으켜 세워주듯 아름다운 추억의 한 자락은 별다를 것 없는 일상에 단비와 같은 촉촉함을 선사한다.

그러나 지난날, 실패의 기억들은 굳이 붙들고 있을 필요가 없다. 과거는 이미 지나가 버린 것, 지금은 남아있지 않다. 그렇기에 실패의 기억은 가까운 휴지통에 넣어야 한다. 실패의 기억을 자꾸만 곱씹다 보면 결국에는 인생이란 여정의 걸림돌이 될 뿐이다.

영국의 앤드루 왕자가 어느 날 기자와 인터뷰를 하게 되었다.
기자는 다소 침통한 표정으로 조심스럽게 물었다.
"다이애나 왕비님께서 교통사고로 갑작스럽게 유명을 달리하셨는

데 지금 심정은 어떠십니까?"

그러나 왕자는 덤덤한 표정으로 이렇게 말했다.

"전 괜찮습니다. 이미 지나간 일인 걸요. 저를 보십시오. 과거에 얽매이기에 너무나 젊고 또한 우리네 인생은 너무 짧지 않습니까?"

왕자의 대답은 명쾌하고 분명했다. 어머니를 잃고 슬퍼하지 않을 아들이 어디 있겠는가. 하지만 그는 나쁜 과거를 선택하기보다는 새로운 미래를 선택한 것이다.

내일을 향한 변화를 막는 가장 무서운 적은 바로 과거에 대한 집착이다. 과거에 거둔 성공에 집착하면 시야가 좁아진다.

과거를 버리는 간단한 방법이 있다. 과거의 실패나 삶의 짐이 되는 모든 것들을 종이 위에 적어라. 그리고 그 종이를 불에 태워 허공에 날려 버려라. 그 순간 모든 과거로부터 해방될 것이다. 일견 장난스러워 보이지만 이 방법은 대단한 효과가 있다. 종이를 태우는 순간 마음의 평화가 오게 되고 미래에 대한 강한 의지와 삶의 활력을 느끼게 될 것이다.

최고의 스포츠맨이 되는 데 필요한 요소는 피나는 노력과 타고난 체력도 있겠지만, 더 중요한 것이 있다. 바로 '짧은 기억력'이다.

베이브 루스가 714개의 홈런을 치면서 최고의 홈런왕이 될 수 있었던 가장 큰 이유는 1,390개의 삼진 아웃을 기억 밖으로 버렸기 때문이다.

실패한 과거와 비난과 조롱을 마음에 새기지 말고 가까운 미래에 이룰 위대한 영광과 발견을 믿는다면 인생의 주인공은 자기 자신이 될 것이다. 내 인생은 결코 과거가 사는 게 아니라 현실의 내가 산다는 사실을 기억하라.

One more ...

현실에 충실한 자는 우주에서 가장 가치 있는 사람이다

스스로 거부하지 않는 삶을 살아라.

그러면 당신은 어려움 없이 당신이 원하는 것을 얻을 수 있고 이루고자 하는 것을 성취할 수 있을 것이다.

여기서 '거부하지 않는 삶'이란 별 뜻이 아니다. 바로 과거로부터 자유스럽고 미래는 자연의 섭리에 맡겨두고 경건한 마음으로 희망을 믿으며 무엇보다도 가장 중요한 현실에 충실하라는 것이다.

여기서 경건이란 당신에게 주어진 운명에 불평불만을 늘어놓지 말고 자신의 운명에 순응하며 개척하라는 것이다. 자연은 당신을 위해 존재하며 당신의 운명을 설계했다. 그러니 당신은 이 세상에 존재할 만한 가치가 있다.

현실에 충실하기 위해선 일단 세상과의 조화가 필요하다. 혼자서 살아갈 수 없기에 세상 일부가 되어야 한다.

언제나 솔직하고 공정하며 거짓 없는 진리를 말하고 자신만의 특권을 내세우기 전에 남의 권리를 인정하고 존중해야 한다. 또한, 다른 사람의 사악이나 악평에 동요되지 않아야 하며 껍데기에 불과한 육체에 사로잡혀 욕망의 늪에 빠져서는 안 된다.

욕망이라는 것은 당신이 이성적인 허점을 보이기만을 기다리는 사악한 것이다.

그리고 먼 훗날, 당신에게 죽음의 순간이 다가올 때, 오직 당신의 이성만을 존중하며 그 밖의 모든 두려움이나 공포를 완전히 무시하라.

그리고 죽어야 한다는 사실 때문이 아니라 아직도 자연에 순응하는 삶을 시작하지 못한 안타까움으로 죽음을 받아들인다면, 당신은 우주에서 가치 있는 인간이 될 수 있다.

Healing chair

어머니 꼭 안아드리기

꽃 좋아하면
눈물이 많다더라.
그러면서도
봉숭아 함박꽃 난초 접시꽃
흐드러지게 심으셨던
어머니.
- 김미옥

어느 마을에 엄마와 함께 사는 한 소년이 있었다. 그 소년의 엄마는 아주 못 생겼다. 소년은 엄마에 대해 불만이 많았다.
'도대체 엄마는 왜 저렇게 생긴 거야.'
엄마가 함께 외출하자고 손을 내밀면 소년은 거부했다.
"싫어. 엄마 혼자 가! 친구들이 볼까 봐 창피하단 말이야!"
엄마는 괜히 자신 때문에 아들이 상처를 받은 것 같아 마음이 아프고 미안했다.

어느 날, 소년은 예쁘고 아름다운 여인을 찾아 길을 떠났다.

"엄마처럼 생긴 사람 말고 이 세상에서 가장 아름다운 여자를 찾을 거야."

이 마을 저 마을 다 돌아다녀도 아름다운 얼굴을 가진 여인을 만날 수 없었다. 눈이 예쁘다 싶으면 코가 이상했고 코가 예쁘다 싶으면 입이 좀 부족했다.

"도대체 어디에 있는 거야."

소년은 점점 지쳐갔다. 갖고 있던 돈도 거의 다 떨어지고 먹지도 못하고 잠도 제대로 자질 못해서 몸 상태가 엉망이 되었다.

소년은 길가의 나무에 기댄 채 깜빡 잠이 들었다. 한참 후에 눈을 떴는데 눈앞에 하얀 수염을 길게 늘어뜨린 노인이 서 있었다.

소년은 놀란 표정으로 노인을 봤다.

"할아버지는 누구세요?"

노인은 고개를 끄덕이며 말했다.

"겁먹을 필요 없다. 나는 너를 돕기 위해서 온 거란다. 그래, 이 세상에서 제일 아름다운 여인을 찾았느냐?"

소년은 고개를 저었다.

"아니요. 아직 찾지 못했습니다."

"그렇게도 아름다운 여인을 보고 싶으냐?"

"예. 이 세상에서 제일 아름다운 여인을 한 번 보는 게 소원이에요."

"내가 천하에서 제일 아름다운 여인을 가르쳐 줄 테니 그 여인을 만나 보겠느냐?"

"예. 할아버지."

"신발을 거꾸로 신은 여인이 이 세상에서 가장 아름다운 여인이란다. 내 말을 잘 기억하렴."

이 말을 남기고 노인은 어디론가 사라졌다.

"신발을 거꾸로 신은 여인? 참 희한한 할아버지네."

소년은 중얼거리며 다시 길을 떠났다. 소년은 고개를 푹 숙인 채 사람들의 신발을 보며 다녔다. 그러나 아무리 찾아보아도 신발을 거꾸로 신은 사람은 없었다.

소년은 점점 지쳐갔다. 옷은 다 해져 살이 나오고 신발은 다 닳아 발바닥에서 피가 났다. 너무 오래 못 먹어서 뼈만 앙상하게 남았다.

'이러다 죽는 거 아냐? 이제 더 이상은 못 걸어 다니겠다. 할아버지가 나를 속였어.'

소년은 자포자기 심정으로 집으로 돌아갔다. 집에 거의 다다르자 소년은 갑자기 서럽게 울기 시작했다. 엄마 말을 안 듣고 집을 나간 것도 후회되고 그동안 고생한 것도 너무나 억울했다.

"엄마, 제가 왔어요. 제가 돌아왔어요!"

소년의 목소리가 들리자, 엄마는 방에서 황급히 뛰어나왔다.

"그래, 내 아들아! 돌아왔구나.

엄마는 소년을 와락 껴안았다. 엄마도 소년도 뜨거운 눈물을 흘렸다. 그런데 소년의 눈에 뭔가가 들어왔다. 바로 엄마의 신발이었다. 순간, 소년은 너무도 놀랐다.

"어, 거꾸로다."

엄마가 신발을 거꾸로 신은 것이 아닌가. 엄마는 아들의 목소리가 매우 반가워 마루 밑에 벗어 놓은 신발을 거꾸로 신은 것이다.

소년은 그제야 할아버지의 말뜻을 알 수 있었다. 비록 못생긴 엄마이지만 그 엄마가 이 세상에서 제일 아름다운 여인이라는 것을 깨달은 것이다.

아장아장 걷기 시작한 아이, 그 아이가 가장 먼저 배우는 말이 뭘까?

바로 '엄마'이다.

위험에 처했거나 급할 때 제일 먼저 나오는 말이 무엇인가?

바로 '엄마야'다.

이 세상에서 가장 친근하고 포근한 단어가 '엄마'이다. 엄마는 늘 당신 곁에 가장 가까이 있고 당신이 그 어떤 잘못을 저질러도 늘 편이 되어준다.

그러나 대부분 사람이 엄마가 곁에 있는 것이 얼마나 행복한 일인지를 잘 깨닫지 못한다. 엄마가 곁에 없을 때, 그때야 비로소 엄마의 사랑이 얼마나 위대했는지를 깨닫는다. 그러나 그때는 이미 늦었다.

3장

상상하며

당신 앞에 놓인 그 고난도
시간 앞에서는 순간에 불과하기 때문이다.
다 지나갈 것을 붙잡고 괴로워하고 우울해한다는
그것만큼 어리석은 일이 또 어디 있겠는가.
굳이 붙들지 말고 흘러가게 내버려둬라.
무엇이든 당신을 괴롭히는 시간은
단지 한순간에 지나지 않는다.

Love
누구나 한 번쯤은 잊지 못할 사랑을 합니다

참된 사랑이란 사랑을 얻기 위해
무엇이든 다 해주는 것이 아니라
사랑을 얻고 난 후에 변함없이 사랑해주는 것이다.
-영국 격언

'지금 사랑하지 않는 자, 모두 유죄.'

드라마 작가 노희경은 이렇게 말했다.

사랑이 없으면 인생은 사막과도 같다. 사랑이 없으면 인연은 찰나와 같다. 사랑이 있어야 행복이 있고 사랑을 베풀어야 삶의 가치는 높아진다.

그런데 왜 사랑은 받는 것보다 베풀 때 더 행복한 것일까. 이유는 간단하다. 그렇게 창조되었기 때문이다.

헤르만 헤세의 작품 중에서 《어거스터스》란 소설이 있다.

한 엄마가 어거스터스라는 아이를 낳았다. 엄마는 언제나 아이가 남들에게 사랑받기를 원했다. 그 간절한 마음이 통했는지 한 노인이 소원을 들어주었다. 덕분에 아이는 다른 사람들에게 많은 사랑을 받아가며 자라날 수 있었다.

그러나 그의 삶은 그다지 행복하지 않았다. 점점 그의 주위에 사람들이 하나, 둘 사라지는 것이었다. 그의 말년은 불행했다. 그는 소원을 빌었다.

"부탁입니다. 신이시여. 다른 사람을 사랑하며 살 수 있게 해주세요."

사랑을 베풀기 위해서는 어떤 마음의 자세가 필요할까?
샴쌍둥이의 이야기 속에 그 해답이 있다.

한 부인이 아이를 낳았는데 머리가 둘이고 몸이 하나인 샴쌍둥이였다. 의사는 몇 개월 못 산다고 말했지만, 부인의 정성이 지극했던지 기적적으로 7년을 무사히 지냈다. 그러나 부인은 앞으로가 걱정이었다. 몸이 하나뿐인 두 아이가 서로 요구하는 것이 달랐기 때문이다. 그런데 설상가상으로 엄마가 그만 병에 걸려 쓰러지고 말았다. 엄마는 아이를 불러 마지막 유언처럼 말했다.

"잘 들으렴. 너희는 둘이지만 하나이다. 그러니 늘 양보하며 살아야 한다. 그것이 너희가 생명을 유지할 수 있는 사랑의 비밀이란다."

상대방에게 양보하고 상대방의 마음을 이해하는 것, 그것이 사랑의 시작이며 끝이다.

One more ...

🌸 사랑 하나만 얻을 수 있다면 다른 것은 필요 없다

이 세상에서 사랑만큼 아주 강렬한 욕망이 어디 또 있을까?

그래서 사람이라면 누구나 다 사랑을 받고 싶은 욕망이 있다.

사람은 사랑을 받기 위해서 남에게 자신의 모든 것을 다 보여주기도 하고 무슨 일이든 다 하기도 한다. 또한, 누군가가 나를 더 알아주길 바라며 끊임없이 나를 더 많이 사랑해주길 갈망하고 요구한다.

사람의 마음속에 있는 사랑의 욕구는 참으로 끝이 없다. 우주보다 넓고 바다보다 깊다. 사랑의 욕구를 이해하고 측정한다는 것은 거의 불가능한 일이다.

어떤 사람의 행동이나 태도 그리고 성격 등 모든 것을 끝까지 추적해보면 그 모든 원인이 결국은 사랑에의 욕구에서 시작됨을 알 수 있다.

사랑받고 싶은 욕구는 죄악이 아니고 부끄러운 일도 아니다. 인간의 가장 기본적인 욕구이다.

어느 날, 당신에 대해 사랑의 욕망을 가진 이성이 나타날지도 모른다. 그는 온종일 당신의 마음속에서 헤매고 다닐지 모른다. 반대로 당신도 누군가에게 사랑받기 위해 누군가의 마음 언저리에서 서성이며 방황할지도 모른다. 사람으로 태어난 이상 사랑 없이 산다는 건 있을 수 없는 일이다. 물론 그 사랑이 일방적이거나 과격한 집착이어선 안 된다. 돈이나 명예 등의 조건 때문에 사랑을 해서는 안 된다.
  사랑, 그 자체에 목숨을 걸어야 한다. 사람은 사랑을 얻기 위해 자신의 시간이나 돈, 재능 심지어 인생을 통째로 기꺼이 내어 놓기도 한다. 그게 정말로 아름다운 사랑이며 감히 아무나 할 수 없는 사랑이기도 하다.

Father
아버지의 거친 손을
한 번이라도 따뜻하게 잡아준 적이 있나요?

> 누군가를 사랑한다는 거
> 가끔 참 신기해요.
> 나 자신을 송두리째 잃어버리고
> 오로지 그 사람만을 생각할 수 있다는 거,
> 사랑의 감정이 아니라면 생각할 수도 없는 일이잖아요.
> 죽을 때까지 사랑하면서 살 수 있다면
> 그것만큼 아름다운 인생이 또 있을까요?
> ─김주리 「아직도 그녀는 행복하다」 중에서

칠레의 산속 늪지에는 '리노데르마르'라는 특이한 작은 개구리가 산다.

알을 낳을 때가 되면 이 개구리의 암컷은 젤리 같은 물질에 싸인 알을 낳는다. 그 순간, 옆에 있던 수컷이 알을 모두 삼켜 버린다.

먹이처럼 완전히 삼키는 것이 아니라 식도 부근에 있는 자신의 소리주머니에 그 알들을 소중히 간직한다. 수컷 개구리는 알들이 완전히 성숙해지기 전까지는 결코 입을 벌리지 않는다. 살면서 가장 중요한 쾌락인 우는 것마저도 포기하면서 말이다.

수컷 개구리는 소리주머니에 있는 새끼들의 안전을 위해 먹는 것까지도 포기한다. 알들이 어느 정도 성장했다고 판단되면 비로소 수

컷 개구리는 자신의 입을 벌려 마치 긴 하품을 하듯 새끼 올챙이를 입 밖으로 내보낸다.

　새끼 올챙이는 수컷 개구리의 입속에서 나와 처음으로 세상과 만남을 즐긴다. 새끼 올챙이들은 꼬리를 흔들며 물속을 이리저리 돌아다닌다.

　그러나 새끼들을 소리주머니에 품었던 수컷 개구리는 거기서 생을 마감한다. 새끼들을 품고 있느라고 지쳐 죽은 것이다.

　또 하나의 이야기가 있다.
　어느 늙은 아버지의 이야기이다. 아니, 바로 당신의 아버지 이야기일 수도 있다
　그는 몇 해 전에 아내와 사별하였고 막노동판에서 하루하루 노동을 하며 산다. 지금은 아들네 집에서 머물고 있지만 늘 아들과 며느리에게 미안한 생각뿐이다. 그 이유는 물려줄 재산이라곤 하나도 없고 더욱이 빚만 가득하기 때문이다.
　그러던 어느 날이었다. 그는 느지막이 아들에게 전화를 걸었다.
　"아들아, 미안하지만 오늘은 내가 함께 갈 친구가 있다."
　"그러세요? 그럼 친구분이랑 같이 오세요."
　"그, 그게 아니고…."
　그는 말을 잇지 못하고 머뭇거렸다.
　"아버지, 왜 그러세요? 말씀하세요.

그는 짧은 한숨을 내쉬며 말했다.

"사실은 그 친구가 공사장에서 일하다가 낙상을 하는 바람에 그만 팔 하나와 다리 하나를 잃었단다. 그 친구가 머물 곳이 없어서 우리 집에 좀 오래 머물렀으면 하는데…."

아버지의 말에 아들의 반응은 냉담했다.

"아버지, 죄송해요. 그럴 순 없어요. 하루 정도는 몰라도 오래는 힘들어요. 분명 우리에게 폐를 끼칠 게 분명해요."

그는 아무 소리 없이 전화를 끊었다.

며칠 후, 그는 시체가 된 채로 TV에 나왔다. 건물 옥상에서 떨어져 자살한 것이다. 뉴스를 접한 아들은 아버지인 걸 알고 그 현장에 달려갔다.

그런데 놀랍게도 아버지는 팔 하나와 다리 하나가 없었다. 자식에게 폐가 될까 봐 스스로 생을 마감한 것이다.

우리 시대의 아버지 이야기이다.

예전이나 지금이나 아니, 먼 미래에도 아버지의 마음은 이와 같을 것이다. 가족을 위해 열심히 일하고 가족을 위해 내 것을 희생하고 가족을 위해 힘들어도 힘든 내색도 하지 않으며 묵묵히 살아간다. 가족이 행복하면 나도 행복하다고 생각한다. 그래서 그런지 몰라도 간혹 외롭고 쓸쓸하다. 고단한 하루를 내려놓기 위해 친구들과 소주 한 잔 기울인다.

　퇴근길, 삼겹살에 소주 한잔이 없었다면 어땠을까. 어쩌면 그게 이 시대의 아버지들을 견디게 했는지도 모른다.
　아버지는 가족을 위해 모든 것을 바치지만 정작 가족은 아버지를 위해, 가장을 위해 무엇을 했던가. 바라기만 했던 건 아닐까. 투정만 부렸던 건 아닐까. 능력이 없으면 무시하고 아프면 외면하지 않았던가. 아버지는 원래 강한 분이기 때문에 굳이 위로할 필요 없어, 혼자라고 해도 외로움을 안 탈 거야, 하고 무심하게 대하지 않았는가.
　아버지는 가족을 지탱해주는 뿌리이고 가족이 쉴 수 있는 나무 그늘이다. 그러나 뿌리도 나무도 혼자라면 위태롭다. 아버지를 일으켜

세우는 것, 그건 바로 가족의 몫이다. 축 처진 아버지의 어깨, 깊은 한숨, 말 잃은 침묵. 당신이 감싸라. 당신이 위로해줘라. 단 한 번이라도 그 마음에 고마움을 표현하라. 당신이.

One more ...

그 두 분보다 더 위대한 사람은 이 세상에 없다

아버지는 누구인가? 어머니는 누구인가?

그들을 정의 내리기는 참으로 어렵다. 그러나 분명한 사실은 신에 버금가는 위대한 존재라는 사실이다. 그들은 아버지라는 이름으로, 어머니라는 이름으로 우리를 위해서 참으로 많은 희생과 시련과 땀을 감수하며 살고 있다.

그런데 우리는 생각해 볼 게 있다. 과연 우리라는 존재가 그들에게 있어 그런 희생과 시련과 땀을 참고 견뎌 나갈 만큼의 의미가 있느냐, 하는 것이다.

도대체 우리가 무엇이기에, 우리를 위해 그들은 눈을 비비고 일어나 차가운 새벽 공기를 맞으며 일터로 나가는가? 무엇이 그들을 물속에 빠진 자식을 구하기 위해 수영도 못하면서 물속으로 뛰어들게 하는가?

우리는 너무나 그들에게 바라기만 했고 우리 자신만을 생각하며 살아온 건 아닐까?

지금 이 순간에도 그들은 더 맛있는 음식 하나, 더 좋은 옷 하나를 우리에게 주려고 불편한 다리를 움켜잡으며 일터로 나가고 있다. 우리는 우리만을 생각하지만, 그들은 다르다. 그들의 머릿속엔 오직 자식들뿐이다.

언젠가는 우리도 그들이 살아왔던 희생과 사랑의 길을 가게 될 것이다.

그들은 우리에게 바라는 게 하나도 없다. 다만 우리가 잘 지내기만을 원한다.

그런 그들에게 우리가 해줄 수 있는 건 뭔가?

어려운 일이 아니다. 아주 작고 사소한 일이다. 지금 행하라.

거창한 것을 주려고 망설이다가는 아무것도 주지 못한다. 작은 것이 그들에겐 큰 위안이 되고 살아가는 이유가 된다. 당장 그들에게 전화 한 통을 하라. 그리고 오늘 한 번쯤은 그들에게 마음을 담아 사랑한다고 말을 전하라. 그리고 오늘 한 번쯤은 진정으로 울며 용서를 구하라.

그리고 알려라. 그들이 우리를 사랑하는 것만큼 우리 또한 그들을 사랑하고 있는 것을.

Thank
감사한 마음으로 하루를 사세요

감사는 삶에 대한 만족감과 기쁨을 증가시킴으로써
인간관계를 향상시키고 사랑이 넘치도록 만들며
갈등을 해소하고 서로 협력하도록 만든다.
진심으로, 의식적으로, 무조건 실천하는 감사는
아무리 견디기 힘든 상황도 가치 있게 만드는 힘이 있다.
그러므로 감사는 마치 기적처럼
불가능한 것을 가능하게 만들 수 있다.
-놀르 C. 넬슨의 『소망을 이루어 주는 감사의 힘』 중에서

하루에 몇 번이나 감사하는가?

아침에 일어나면 창가에 드리운 아침 햇살에 감사하라.

병원 응급실에서 생사를 넘나드는 환자를 생각한다면 당신의 상쾌한 아침은 그 얼마나 감사할 일인가.

두 발로 걸어서 회사에 출근한다는 사실에 감사하라. 아침에 일어나도 갈 곳 없는 사람들을 생각하면 얼마나 감사할 일인가.

동료와 함께하는 점심에 감사하라. 말 한마디 건넬 사람이 없어 강아지와 말을 섞는 이들이 얼마나 많은가.

어떤 이는 산다는 게 고통이라 말한다.

또 어떤 이는 산다는 게 감사한 일이라 말한다.
행복에 이르는 길은 뜻밖에 간단하다.
바로 감사하며 살면 되는 것이다.

평생 나병환자들을 돌보고 그들을 위해 요양원을 만든 여인이 있다. '일본의 테레사'라고 불린 다마키 여사다.
"가까이 가지 마세요. 여사님."
"괜찮아요. 제가 좀 봐야겠어요."
"저 사람들은 피부에서 고름이 나니까 위험해요."
"고름이 나면 좀 어때요? 다 같은 사람끼리."
주위의 만류에도 다마키 여사는 늘 나병환자들 곁에 있었다. 그러다가 그만, 그녀도 그들과 같은 병에 걸리고 말았다. 하지만 병에 걸렸음에도 그녀는 그 누구도 원망하지 않았다. 오히려 그들에게 더 가까이 다가갈 수 있음을 감사했다. 다마키 여사는 지난날을 회상하며 이런 글을 남겼다.
'이제 육체의 눈이 가려지고 영혼의 눈이 열리니 감사한다. 눈썹이 빠지면서 눈썹의 고마움을 알았고 먼지가 눈에 들어가는 것이 이렇게 고통스러울 줄은 미처 몰랐다. 신께서 내게 병을 주어 감사의 마음을 알게 하셨으니 얼마나 고마운가.'

손가락에 끼고 있던 반지를 잃었다고 해서 너무 속상해하거나 아깝다고 생각하지 마라. 오히려 감사할 일이다. 손가락을 잃지 않았다는 사실을.

 백 개를 채우려고, 하나 가진 자의 것을 빼앗으려 하지 마라. 하나의 초로도 어두운 방을 매우 환하게 밝힐 수 있다. 부족하면 부족한 대로 만족하며 감사하며 살자.

 하루에 적어도 열 번은 감사하며 살자.

 성공을 위해 발버둥칠 필요도 없고 뒤를 보며 후회하는 일도 없을 것이다.

 이미 감사하는 삶 속에 성공도 있고 꿈도 있고 행복도 있기 때문이다.

 당신은 하루에 몇 번이나 감사하며 살고 있는가?

One more ...

감사의 마음을 가지면 평화를 얻는다

 모든 일에 감사할 줄 알아야 한다.

 혹여, 속상한 일이 발생하더라고 그것을 탓하기 전에 그 안에서도 혹시나 감사할 일이 없을까, 하고 생각하라. 더 큰 불행이 닥치지 않고 이 정도로 마무리되었다는 것에 감사를, 다른 사람이 아니라 감당할 수 있는 내게 이런 불행이 닥쳤다는 것에 또 감사 하라. 그러면 기분이 한층 부드러워질 것이며, 나아가 그 기분으로 속상한 일도 훨씬 더 견디기 쉬워질 것이다.

감사하는 습관을 지니면 살아가는데 보다 편안해지고 마음의 호수처럼 잔잔해진다. 또한, 늘 모든 일을 신께서 봐주시고 있다고 믿어라. 그러면 어려운 일도 능히 감당할 수 있고 불가능한 일도 더 적극 도전할 수 있다.

Happiness
당신이 찾고자 하는 그것, 행복을 찾으셨나요?

행복의 문이 하나가 닫히면
다른 하나의 행복의 문이 열린다.
하지만 우리는 종종 닫힌 문만 바라보다가
이미 열린 다른 행복의 문은 보질 못한다.
— 헬렌 켈러

　한 조사결과에 의하면 국민이 가장 행복하다고 여기는 나라는 방글라데시였다.
　그에 반해 세계 제일의 경제 대국 미국 국민의 행복도는 46위였다. 이 조사에서 알 수 있듯 행복이란 반드시 물질과 부에 비례하는 것은 아니다.
　많은 것을 가졌다고 해서, 높은 자리에 있다고 해서 행복이 보장되는 것은 아니다.
　행복을 쓸어 담을 수 있는 마음의 공간과 작고 사소한 것에도 만족하고 행복이라 느낄 수 있는 감각이 있어야만 진정한 행복의 주인이 될 수 있다.

　중국 진시황 때 이사라는 재상의 이야기다.

이사는 진나라의 천하 통일에 크게 공헌했다.

그래서 권력과 부를 보장받아 세상에 부러울 것 없이 살았다.

그러나 황제가 바뀌는 바람에 그는 모반혐의로 사형을 당하게 되었다.

사형장에 끌려가던 날, 그는 눈시울을 붉히며 아들에게 말했다.

"아들아, 너 기억나니? 너와 함께 고향에서 개를 데리고 토끼를 잡으러 들판에 나갔던 일말이야.

내 삶을 돌이켜 생각해보니 그때처럼 행복했던 때는 없었던 것 같구나.

왜 이제야 깨닫는지 모르겠구나."

천하를 주름 잡았다고 한들 행복할까?

그렇지 않다. 뜻밖에 행복은 소박하다.

눈앞에 놓인 일상의 소소한 것들을 행복이라고 여기면 그게 바로 행복이다.

삶을 불행과 행복의 비율로 나눈다면 불행의 비율이 훨씬 높을 것이다.

그럼에도 우리가 살아갈 수 있는 이유는 행복한 기억으로 불행한 기억을 떨쳐버릴 수 있기 때문이다.

아주 작고 사소한 행복의 기억이라도 불행의 기운을 밀어낼 수 있기 때문이다.

거리에 떨어져 있는 무수한 은행잎, 무심히 밟고 지나가는 사람이 있는가 하면 노랗게 익은 은행잎 하나를 집어 들어 입술에 대보는 사람도 있다.

행복은 발견이다. 행복은 마술이다.

아무것도 아닌 것을 행복으로 만드는 기술, 그것이야말로 성공을 향한 지치지 않는 에너지다.

One more ...

행복도 불행도 내 선택에 달려 있다

당신이 불행한가? 불행하다고 생각하면 먼저 무엇을 하여야 할까? 불행의 원인을 남의 탓으로 돌릴 것인가? 아니면 냉정하고 절망 밖에 없는 이 세상을 비방하거나 자신의 신세를 한탄할 것인가?

물론 그렇게 해서 위안으로 삼을 수 있다면 그것도 좋은 방법이다. 그렇다고 마음의 평화는 오지 않는다. 불행하다면 그 원인은 당신 안에서 찾아야 한다. 당신의 생각과 행동이 불합리 적이었기 때문에 현재 당신이 불행을 겪고 있는 것이다. 만약 당신이 인생의 순리를 신뢰하고 자연의 법칙을 인정했다면 분명 인생과 자연은 당신에게 은혜와 충족과 기쁨을 주었을 것이다. 그러나 인생의 순리나 자연의 법칙을 어기고 자기 멋대로 행했다면 인생과 자연은 당신에게 혹독한 시련을 준다. 당신에게 한없는 슬픔과 고독과 아픔을 준다.

인생은, 자연은 옳지 않은 길을 가려는 당신에게 늘 이렇게 말했다.

"그 길이 아니다. 가지 마라. 다른 길로 걸어가라. 그래야 너는 행복해질 수 있다. 지금 저 앞의 길은 유혹의 길이다. 그저 잠깐 웃을 뿐 오래도록 슬픔과 함께해야 할 불행의 길이다. 부디 다른 길로 걸어가라."

그러나 당신은 한사코 불행의 길을 걸어간다. 그리고 불행을 다 맛본 후, 후회의 눈물을 흘리며 이렇게 말한다.

"당신 말씀이 옳았소. 나는 인생의 순리와 자연의 법칙을 거부했소. 달콤한 거짓에, 악마의 유혹만을 좇고 있었소. 그래서 결국 나는 이러한 꼴이 되고 말았소."

Tranquility
당신의 삶 속에서 가장 평안했던 때가 언제인가요?

건강은 최상의 이익,
만족은 최상의 재산,
신뢰는 최상의 인연이다.
그러나 마음의 평안보다 더 행복한 것은 없다.
- 법구경

뜻하지 않게 손해를 입게 되면, 사람들은 쉽게 짜증을 내거나 불평을 내뱉는다. 작은 변화에도 지레 겁을 내고 자신의 영역을 지키기 위해 안간힘을 쓰곤 한다.

문명의 혜택을 입으면 입을수록 사람들은 불안과 초조함 속에 살게 된다.

과연 진정으로 행복해진다는 의미는 무엇일까? 그것은 바로 '마음의 평온'을 얻었을 때이다.

한 청년이 사는 동안 꼭 갖고 싶은 것들을 종이 위에 써내려갔다.
'건강, 지식, 명예, 사랑, 권력, 돈….'
그리고는 평소 존경하던 스승을 찾아가 그가 적은 것들을 보여주었다. 그가 내민 종이를 물끄러미 바라보던 노스승은 이윽고 천천히 입을 열었다.

"자네가 적은 것은 하나같이 소중하고 귀한 것들이지만 가장 중요한 것을 빠뜨렸네. 그것이 없으면 자네의 소유는 오히려 참을 수 없는 괴로움이 될 거야"

자신이 빠뜨렸다는 한 가지가 몹시도 궁금해진 청년이 물었다.

"스승님, 제가 무엇을 빠뜨렸습니까?"

그러자 노스승은 종이의 맨 밑자락에 '마음의 평화'라는 글자를 써주었다. 노스승의 말에 크게 깨달음을 얻는 청년은 훗날 《마음의 평화》라는 책을 쓰게 되었고 이 책은 전 세계에 수백만 부가 판매되었다. 베스트셀러 작가로 이름을 떨친 이 청년의 이름은 '죠수아 리브만'이다.

마음의 평안은 어디서 오는 것일까? 부정, 욕심, 절망, 슬픔, 아픔, 괴로움, 돈, 명예 등 자신의 마음을 좀먹는 그릇된 감정과 나쁜 기억을 모두 다 내려놓았을 때 비로소 다가온다.

미국 시카고에 사는 스패포드는 행복한 사람이었다. 그는 유명한 변호사이자 대학교수였으며, 눈에 넣어도 아프지 않을 네 명의 딸과 아름다운 아내가 있었다.

어느 날, 아내와 네 딸이 프랑스로 여행을 떠났다. 그런데 그들을 태운 여객선 아브호가 영국 배와 충돌해 2백여 명이 익사하는 대참사가 발생했다. 그중에는 스패포드의 네 딸도 포함되어 있었다.

구사일생으로 목숨을 건진 아내를 부둥켜안고 스패포드는 울부짖었다. 하지만 아내는 슬픔 속에서도 남편의 손을 잡으며 말했다.

"여보, 딸들은 지금 천국에 있어요. 우리와 잠시 헤어져 있을 뿐이랍니다."

스패포드는 이 말에 큰 위로를 받았고, 딸들을 삼켜버린 비극의 바다에서 시 한 편을 지었다.

내 평생에 가는 길 순탄하여
늘 잔잔한 강 같든지
큰 풍파로 무섭고 어렵든지
나의 영혼은 늘 편하다.
내 영혼 평안해 내 영혼 평안해

이것이 바로 찬송가 470장이다. 금쪽같은 네 딸을 잃은 아버지의 노래가 세상 많은 사람에게 위로와 평안을 주고 있는 것이다.

One more ...
🌸 모든 것은 다 흘러 지나간다

지금 시계를 보라. 지금 이 순간에도 시간은 흘러가고 있다. 이처럼 현재 존재하고 있는 것은 빠른 속도로 당신을 스쳐 지나가고 있다. 그뿐이 아니다.

새로이 생겨난 것도 시간이 지나면 곧 과거의 것이 되고 만다. 모든 것은 강물처럼 항상 변하며 흘러간다. 이 세상에 정지된 건 하나도 없다. 그림 같은 풍경들도 움직임이 없어 보이나 그 나름대로 부단히 몸부림치고 있다. 벽에 걸린 사진도 가만히 있는 것 같지만, 시간의 흐름에 묻어 서서히 퇴색해지고 있다.

당신 곁에 머무는 모든 것들은 시간 앞에서 그야말로 순간이다. 또한, 그것들은 과거의 속으로 사라져 버린다.

이런 것을 생각한다면 당신은 지금 겪고 있는 고난을 어떻게 대처해야 할지 알게 될 것이다. 그렇다. 고난에 대해 너무나 괴로워할 필요도 없고 두려운 마음을 품을 필요도 없다.

당신 앞에 놓인 그 고난도 시간 앞에서는 순간에 불과하기 때문이다. 다 지나갈 것을 붙잡고 괴로워하고 우울해하는 것만큼 어리석은 일이 또 어디 있겠는가. 굳이 붙들지 말고 흘러가게 내버려둬라. 무엇이든 당신을 괴롭히는 시간은 단지 한순간에 지나지 않는다.

Smile
미소 짓는 당신, 가장 아름답네요

> 서로서로 미소를 지으십시오.
> 평화는 미소에서 시작됩니다.
> 여러분이 전연 미소 짓고 싶지 않은 사람에게
> 하루에 다섯 번씩 미소 지으십시오.
> 평화를 위해서 그렇게 하십시오.
> ―도로시 헌트의 「사랑은 철 따라 열매를 맺나니」 중에서

갓난아이의 얼굴에는 온종일 얼굴에 미소가 가득하다.

손짓만 해도 미소 짓고 혀만 내밀어도 미소 짓고 눈만 깜빡여도 미소 짓고 안아주어도 미소를 짓는다. 그러나 세월에 함께 발맞추기 시작하면서부터는 서서히 미소의 자리에 걱정과 고민이 채워진다.

하지만 미소가 영영 사라지는 것은 아니다.

미소는 꽃망울과도 같아서 누군가가 살짝 건드려주면 다시금 화사하게 피어난다. 힘들고 우울한 사람이라도 생긋 미소를 짓는 얼굴을 보면 자기도 모르게 웃음을 짓게 된다. 그것이 미소가 가진 힘이다.

《어린 왕자》의 작가 생텍쥐페리는 전투 중에 적의 포로가 되어 감방에 갇힌 적이 있다. 당시의 상황으로 보아 오늘 죽을지 내일 죽을

지 모르는 상황이었다. 그는 다가오는 죽음의 공포 때문에 극도로 신경이 예민해졌고, 공포를 억누르기 위해 주머니 속의 담배를 찾았다. 다행히 몸수색 때 발각되지 않은 담배 한 개비를 발견했지만, 담배에 불을 붙일 성냥을 찾을 수가 없었다. 그는 창살 너머의 교도관을 불러 말했다.

"혹시 불이 있으면 좀 빌려 주겠소?"

교도관은 잠시 머뭇거리다가 그의 담배에 불을 붙여 주기 위해 걸어왔다. 가까이 다가와 성냥을 켜는 순간, 무심결에 그들의 시선이 마주쳤다. 바로 그때 생텍쥐페리는 엷은 웃음을 지었다. 성냥불에 대한 고마움 때문이었는지 어색함을 지우기 위해서였는지는 모른다. 하지만 그 순간 두 사람의 가슴속에 하나의 불꽃이 점화되었다. 그의 웃음은 창살을 넘어가 교도관의 입술에도 웃음이 피어나게 했다. 그들의 웃음은 자신들이 교도관과 죄수가 아니라 살아 있는 인간이라는 사실을 깨닫게 해주었다. 교도관은 문득 그에게 물었다.

"당신에게도 자식이 있소?"

"그럼요, 있고말고요."

생텍쥐페리는 그렇게 대답하면서 지갑을 꺼내 가족의 사진을 보여주었다. 교도관 또한 자신의 아이들 사진을 꺼내 보이면서 자식들에 대한 희망을 이야기했다. 그는 교도관에게 다시는 가족을 만날 수 없을지도 몰라 두렵다고 고백했다. 이윽고 그의 눈에 눈물이 어른거렸다.

잠시 생각에 잠기던 교도관은 이윽고 조용히 감옥 문을 열어주었다. 그리고는 그를 풀어준 다음 아무에게도 들키지 않게 마을 끝까지 안내해 주었다.

미소와 웃음은 힘이 세다. 작은 미소 한 번이 자신의 인생에 변화를 주고 세상을 환하게 만들기도 한다. 미소 없이 참된 부자가 될 수 없고, 미소 없이 참된 가정을 꾸밀 수 없고, 미소 없이 참된 행복을 이룰 수 없다.
"사람이 마음의 기쁨을 가지고 한번 크게 웃을 때 평상시 움직이지 않던 근육 중에서 230개 이상이 움직인다. 이 때문에 혈액순환이 활발해져 산소와 영양분이 피부 곳곳에 전달되어 피부노화 방지에 효과가 있다. 사람이 1분 동안 마음껏 웃으면 10분 동안 에어로빅, 조깅, 자전거를 탈 때 일어나는 물리적 화학적인 긍정적 변화가 몸 안에서 일어나게 된다."
미국 스탠퍼드 대학의 윌리엄 프라이 박사의 말이다.
미소 짓고 웃는 사람치고 건강하지 않은 사람은 없다. 하고자 하는 일이 잘되지 않을 때, 복잡한 일로 얽히고 섞여 있을 때, 실패의 고배를 마셨을 때, 거울을 보고 미소 지어라. 그 어떤 위로보다도 더 큰 힘이 될 것이다.

One more …

염세적인 사람은 노년이 불행하다

세상사를 비딱한 시선으로 보고 염세적인 감정으로 대한다면 그 사람은 육체적 아니면 정신적으로 뭔가 모자란 사람임이 틀림없다.

이런 사람들에게는 공통된 특징이 있다. 절대로 자신이 염세적임을 인정하지 않을뿐더러 대인관계가 그리 원만하지 않으며 타인의 말을 전혀 믿으려 하지 않는다.

고집이 세고 이기적인 사람은 염세적 감정이 누구보다도 더 많을 수가 있다. 남의 것을 수용하지 못하고 자기 뜻대로 되지 않으면 모든 것을 적대시하고 쉽게 만족하지 못하기 때문이다. 특히 이런 사람들은 노년에 불행하다.

실제로 그들은 화병에 걸리거나 심한 스트레스에 시달린다.

세상을 보는 눈이 바르고 사람들을 대하는 태도가 순수해야만 행복해질 수 있고 노년의 행복이 보장되는 것이다.

Traveling together
당신에게는 평생을 함께할 동반자가 있나요?

찡찡대는 사람, 습관적인 염세주의자,
무원칙한 동정주의자, 자의식이 강한 사람,
유행을 좇는 사람은 동반자로 적합하지 않다.
이런 사람들은 여행을 지루한 고행으로 전락시켜버린다.
현실적이고 열린 가슴을 지닌 사람을 동반자로 택하라.
-롤프 포츠의 『떠나고 싶을 때 떠나라』 중에서

아무리 험한 산길이라도 누군가와 함께 간다면 그리 힘들다는 생각은 들지 않을 것이다. 내가 처지면 앞에 가는 이가 손을 내밀 것이고 앞사람이 멈춰 서면 내가 뒤에서 밀어주면 되기 때문이다. 이처럼 인생의 정상을 향해 가는 길에 같은 생각, 같은 꿈을 가진 동행자가 있다면 얼마나 힘이 되고 즐겁겠는가.

서양 속담에 이런 말이 있다.

'진정한 벗이 없는 사람은 광야에서 사는 것과 같다.'

위대한 철학자 소크라테스는 평생 참된 친구를 만나지 못하고 친구의 거짓 증언으로 사약을 받고 목숨을 잃었다. 진정한 벗이 없는 최후는 쓸쓸하고 외롭기 마련이다.

전봇대 마냥 키가 무척이나 크고 웅장하게 생긴 삼나무.

대부분 사람은 훤칠한 삼나무를 보면 이렇게 생각할 것이다.

"키도 크니까 뿌리도 아주 깊게 내렸겠지!"

그러나 실상 삼나무는 그다지 뿌리가 깊지 않다. 뿌리가 얕고 가늘어서 혼자 있으면 금방 쓰러지고 만다. 그런데 어찌 강한 폭풍우에서 아랑곳하지 않고 그 꼿꼿함을 유지할 수 있을까.

비밀은 바로 그 연약한 뿌리에 있다. 무리를 지어 서로에게 뿌리를 엉킨 채 숲을 이루면서 살아가는 것이다.

고개를 돌려 주위를 보라. 낯선 사람, 낯선 환경, 낯선 시선들….

그러나 이 모든 낯선 것들도 내 마음을 열고 한 걸음 다가가면 익숙하고 친근한 존재로 스며든다. 외롭다는 말, 혼자라는 말은 누군가가 만들어낸 것이 아니라 자기 자신이 만들어낸 말이다.

좋은 동반자를 얻기 위해서는 다음과 같이 노력해야 한다.

1. 진실한 말을 건네라.
2. 많이 주고 적게 얻어라.
3. 신뢰를 최고로 생각하라.
4. 나에게 맞추지 말고 상대방에게 맞춰라.
5. 공통적인 목표를 갖고 함께 걸어가라.
6. 서로를 위해 기도하라.

One more ...

백 명보다
한 명이 더 소중하다

친구 갖기를 원하지 않는 사람은 없을 것이다. 사람은 외롭기 때문이다. 그렇다고 억지로 친구를 사귀려 애쓰지 마라.

친구에는 여러 부류가 있다.

카페에 앉아 어제 있었던 일에 대해 대화를 나누는 친구, 혼자서 식사하기가 민망해서 함께 식사해줄 수 있는 친구, 긴 여행을 떠날 때 동행할 수 있는 친구, 결혼식에 함께 갈 친구, 사업이 잘 풀려서 기쁨을 나눌 때 필요한 친구 등이 있다. 그러나 이런 부류의 친구들은 곳곳에 널렸다. 손만 뻗으면 만날 수 있다.

하지만 이들의 특징은 내가 어려움에 빠져 있을 때, 극명하게 본실을 드러낸다. 정말로 도움이 필요할 때에는 이들은 아무도 나를 향해 달려오지 않는다. 꼼짝도 하지 않는다. 마치 발바닥의 티눈처럼.

그러니 이런 친구들을 통해 또 다른 나를 발견하겠다는 꿈은 일찌감치 버려라.

참된 친구란 내 눈물의 반과 같다. 내 눈물을 이해하고 나 대신 눈물을 흘려줄 수 있는 사람, 그게 바로 참된 친구다. 그런 친구가 단 한 명이라도 있다면 그걸로 충분하다.

Charm
존재, 그 자체만으로도 충분히 매력적이에요

매력 있는 사람이란 한번 '하자' 하고
정한 것을 끝까지 해내는 사람입니다.
매력 있는 사람이란 '이렇게까지 했는데' 라며
푸념하지 않고 최선을 다한 후
활짝 웃을 수 있는 사람입니다.
매력 있는 사람이란 '자신은 자신이다.' 라고
당당하게 가슴을 펴고 말하는 사람입니다
-이케다 다이사쿠 (평화운동가)

얼굴이 예쁘거나 멋지게 생긴 것도 아닌데 왠지 끌리는 사람이 있다. 금방 봤는데도 뒤돌아서면 또 보고 싶고 그의 향기가 사라진 지 오래인데도 같이 있는 듯 착각을 불러일으키기도 한다.

'매력적이다.'라는 말.

이 말을 듣는 것만큼 기분 좋고 행복한 일도 없다. 매력 있는 사람은 자석과도 같다. 사람들을 당기는 힘이 있고 사람들을 이끄는 힘이 있다.

루즈벨트 대통령은 매력적인 사람이다.

그가 그런 사람이 될 수 있었던 것은 상대방에 관한 연구와 배려가 있었기 때문이다.

루즈벨트는 그를 찾아올 방문객이 정해지면 전날에 미리 그 방문객의 취미와 취향을 먼저 파악하고 숙지한다. 그리고 방문객이 특히 관심을 두고 있는 분야의 책을 읽는다. 그래서 다음 날, 일방적인 주입식 대화가 아닌 방문객과 공통적인 주제로 함께 대화를 주고받았다. 이러한 준비가 그를 매력적인 사람으로 만든 비법이었다.

　매력적인 사람은 어떤 사람일까?
　인생을 급하게 단정 짓지 않고 늘 넓고 길게 보는 마음을 가진 사람일 것이다. 실패한 원인을 스스로 파악하고 새로운 희망을 품는 사람일 것이다. 여유와 휴식을 즐기면서도 일할 때는 불꽃 같은 에너지를 발산하는 사람일 것이다. 나보다는 다른 사람의 마음을 먼저 읽고 다가갈 줄 아는 사람일 것이다. 갈등을 품고 있지만 일단 결심을 하면 거침없는 코뿔소가 되는 사람일 것이다.

　매력이라는 향기,
　매력이라는 모습,
　매력이라는 느낌,
　그것은 누구에게나 있다.
　결코, 오를 수 없는 산이 아니다.
　발견하고 가꾸고 변화하라.

One more ...

세상이 존재하는 이유는 당신이 있기 때문이다

세상을 아름답게 보는 사람만 있는 게 아니다. 세상을 부정적으로 보고 한심하게 보는 염세주의자도 있다. 염세주의자는 이 세상에 대해 이렇게 말한다.

"이 세상은 사랑이 메말랐고 이기주의가 팽배하다. 그래서 결국 인류는 사라질 것이다."

어쩌면 일부 맞는 말인지도 모른다. 지금 세상은 어떠한가? 사랑이 메마르고 이기주의가 판을 친다. 그렇다고 인류가 사라진다고 단정하는 건 옳지 않다. 그 이유는 인간은 분명 사랑을 다시 되살리고 이기주의를 몰아낼 것이기 때문이다.

인류의 지속을 위해서 우리는 무엇을 할 수 있을까? 아주 따뜻하고 특별한 사랑을 가져야 하며 실천해야 한다. 종교가 어떻고 인도주의가 어떻고 인류애가 어떻고, 떠들어대는 것은 공허한 잡담에 지나지 않는다.

누구나 사랑을 안고 태어난다. 그러나 척박한 이 세상을 살다 보면 그 사랑이 퇴색해지고 사랑의 온정을 베풀어야 할 세상 사람들이 모두 다 적으로 느껴질 때가 있다. 그런 감정을 지속한다면 세상 모두와 싸워야 하고 점점 지치고 힘들어진다. 그러니 그 사랑의 마음을 잃지 않도록 노력해야 한다. 사랑은 지식이나 지혜로 얻을 수 있는 게 아니다. 직접 체험을 통해 얻을 수 있으며 전파할 수 있다.

인도의 한 현자는 이렇게 말했다.

"무지의 반은 사상의 교환을 통해 얻을 수 있고 남은 것 중 일부는 철학의 연구를 통해, 그 나머지는 자성(自省)을 통하여 타개할 수 있다."

사랑도 마찬가지다. 직접 경험하지 않은 사람에게 그 사랑의 감정을 아무리 설명한다고 해도 이해하지 못할 것이다.

사랑은 오직 사랑을 아는 자만이 전할 수 있다. 그런 사람이 있기에 세상은 여전히 아름답고 인류는 영원할 것이다. 그 사람이 바로 당신임을 잊지 마라.

Concern
걱정한다고 해서 일이 해결된 적이 있나요?

> 지난달에는 무슨 걱정을 했었지?
> 작년에는? 그것 봐라. 기억조차 못 하고 있잖니.
> 그러니까 오늘 네가 걱정하고 있는 것도
> 별로 걱정할 일이 아닌 거야.
> 잊어버려라. 내일을 향해 사는 거야.
> ─아이아코카의 「아이아코카 자서전」 중에서

걱정 없는 사람은 없다.

부유한 사람이건 가난한 사람이건, 성공한 사람이건 실패한 사람이건, 남자건 여자건, 어린이건 늙은이건 누구에게나 걱정거리는 존재하기 마련이다.

발을 쭉 뻗고 편히 쉴 날이나 모든 걱정이 말끔히 사라질 날을 기다리며 시간을 헛되이 낭비할 필요도 없다.

크든 작든 걱정거리는 평생을 따라다니기 때문이다. 마술처럼 걱정거리를 사라지게 하는 방법은 없다. 걱정을 조금씩 줄여가는 것, 그것이 현명한 방법이다.

어느 정비 회사에 한 정비사가 있었다.

그는 갑자기 하던 일을 멈추고 사장에게 말했다.

"사장님, 걱정거리가 많아서 일이 안 됩니다. 골치가 너무 아픕니다."

사장은 눈가에 힘을 주며 물었다.

"그래? 걱정거리가 뭔지 말해 보게."

"며칠 후 성탄절인데 돈이 한 푼도 없습니다. 아이들 장난감 살 돈 5만 원, 아내 옷을 살 돈 10만 원, 음식값 10만 원, 포도주값 3만 원, 전기세 3만 원, 수도세 2만 원, 기름값 5만 원."

이 말을 들은 사장은 나지막이 말했다.

"자네 말을 들으니까 걱정이 많군그래. 그러나 그 많은 걱정을 하나로 모아보게. 다 합해보니 38만 원이군. 내가 그 걱정 하나를 덜어 줄 테니 자넨 일이나 열심히 하게."

우리는 쓸데없는 잡다한 걱정 때문에 스스로 삶의 무게를 늘리곤 한다. 오늘의 걱정은 오늘로 끝내야 한다. 오늘의 걱정을 내일의 걱정에 더하면 그 짐은 감당하기 어려울 정도로 커진다.

돌이켜 생각해보라. 밤새 머리를 싸매고 걱정해서 해결되는 일이 있었는가. 쓸데없는 걱정은 몸과 마음의 에너지를 빼앗을 뿐 아무런 해결책도 주지 않는다.

차라리 이렇게 하라.

걱정할 시간에 행동하기.

고민할 시간에 행동하기.
근심할 시간에 행동하기.

이것이 걱정을 줄일 수 있는 간단하고도 가장 현명한 방법이다.

One more ...

자기가 만든 강에서 허우적거리지 말아야 한다

이 세상에 영원한 것은 없다. 자연도 영원할 것 같지만 그렇지 않다. 인간이 자연을 훼손하는 순간, 자연은 영영 사라지고 만다. 또한, 변하지 않을 것 같은 진리나 이론도 시간에 맞물려 돌아가다 보면 퇴색하고 변질이 된다.

행복 또한 그렇다.

행복에 겨운 나날이 오래도록 지속하진 않는다. 더 이상의 행복을 용납하지 않는 여의치 못한 사건이 늘 발생하기 마련이다.

아무리 서로 사랑을 한다고 해도 남자와 여자가 함께 지내다 보면 말다툼을 하게 된다. 또한, 부모가 되면 자식의 미래나 건강 때문에 고민에 휩싸이게 된다. 하루아침에 직장을 잃은 사람은 미래에 대한 두려움으로 절망에 빠지게 된다.

인생을 살다 보면 한순간에 행복이 불행으로 바뀌게 된다. 불행 앞에 놓인 우리는 어떤 마음의 자세를 취해야 할까?

'왜 나에게 이런 일이 일어났을까?' 하고 한탄할 필요는 없다. 누구에게나 찾아오는 일이고 다만 당신에게 왔을 뿐이다. 당신이 행복했던 그 순간에는 그 누군가가 불행을 겪고 있었다.

이런 때, 너무나 깊은 고민에 휩싸이지 마라. 고민의 원인 이외의 일에 흥미를 느껴라. 그런 능력을 갖췄다면 이보다 더한 고마운 일이 없다. 걱정해 봤자, 사실 별수가 안 생긴다.

그 시간에 친구와 수다를 떨며 바둑을 두거나, 또는 아주 통속적인 소설을 읽으며 웃어라. 또는 천문학에 재미를 붙이고 밤하늘에 별을 보며 마음을 달래라. 그게 상책이다. 다른 곳으로 마음을 돌리지 않고 고민의 강에 빠져, 지난 행복만을 추억한다면 그건 어리석은 자다. 그리고 한때 행복했던 과거에 머문 자는 다시 또 찾아온 행복의 기회를 잡을 수 없는 사람이다. 버리는 순간, 얻은 것이다.

Healing chair

친구와 마음 나누기

한 사람의 진실한 친구는
천 명의 적이 우리를 불행하게 만드는 그 힘 이상으로
우리를 행복하게 만든다.
-에센 바흐

향토적이며 개성 넘치는 그림으로 유명한 이중섭 화가, 그가 가난했던 시절의 이야기다.

어느 날, 아픈 친구에게서 병문안을 올 수 없느냐고 이중섭에게 전화연락이 왔다.

"친구, 내가 많이 아프다네. 자리에 누워 있노라니 문득 자네 얼굴이 떠오르지 뭔가. 언제 시간 있으면 한 번 와주게."

"당연히 가야지. 내가 너무 무심했지. 자네가 아픈 줄도 몰랐네. 용서해주게."

"그게 무슨 소린가. 아닐세. 아무튼, 조심해서 오게. 자네 얼굴이 참 그립네."

이중섭은 친구에게 꼭 찾아가겠다고 약속을 했다. 그런데 전화를 끊고 이중섭은 고민에 빠졌다.

'오랜만에 가는데 빈손으로 갈 수도 없고…. 더군다나 아픈 친구인데 몸에 좋은 뭐라도 들고 가야 하는데….

이중섭은 고민에 빠졌다. 병문안을 가야 하는데 돈이 한 푼도 없었기 때문이다. 고민 끝에 이중섭은 그 친구에게 그림 선물을 하기로 했다. 지금 자신이 해줄 수 있는 건 이것밖에 없었다.

며칠 내내, 그림 작업에만 열중했다. 드디어 그림이 완성되었다.

이중섭은 그림을 들고 친구의 집에 찾아갔다.

"어, 자네 왔는가. 어서 오게."

친구는 이중섭을 반갑게 맞이했다.

"어디가 아픈가?"

"나이가 먹으니까 여기저기 고장이 나는 것 같네. 그나저나 왜 그렇게 늦게 왔나. 자네가 너무 보고 싶었다네. 왜 이제야 왔는가?"

이중섭은 머리를 긁적이며 미소 띤 얼굴로 말했다.

"미안하네. 진작 찾아오려 했었지만, 빈손으로 오기가 뭐해서 이제야 오게 되었네."

"이 사람아, 그게 무슨 소리인가? 자네 형편 다 아는데 빈손으로 오면 어때서."

이중섭은 들고 온 그림을 친구에게 내밀었다.

"자네 주려고 가지고 왔네. 이걸 가지고 오느라고 늦어진 걸세. 복숭아 하나 드시게."

복숭아를 살 돈이 없었던 이중섭은 화폭에 먹음직스러운 복숭아를 그려 왔다.

"하여간 자네도 참…. 중섭이 고맙네. 자네가 날 울리는구먼."

이중섭의 따뜻한 마음에 친구는 그만 눈물을 흘렸다.

우정은 성장이 더딘 꽃과 같다.

하루아침에 활짝 피는 것이 아니라 세찬 바람과 심한 갈증, 그리고 오랜 기다림을 견디고 이겨내야만 비로소 아름답게 피어나는 꽃이다. 다시 말해서 오랜 시간 곁에 두고 서로의 마음을 나눠야 비로소 진정한 우정이 자리 잡고 참다운 친구가 되는 것이다.

아름다운 꽃을 피우기 위해선 물과 햇볕과 거름이 필요하듯 진정한 우정을 나누는 사이가 되기 위해선 뭐니 뭐니 해도 한결같은 마음, 이해하는 마음, 아끼는 마음이 필요하다.

내가 좋을 때만 찾아오는 그런 친구보다 내가 어려울 때, 내가 위로가 필요할 때, 내가 곤경에 빠졌을 때 찾아와주는 친구가 더더욱 오래 남는다. 눈물을 나눈 친구일수록 우정이 오래가는 법이다.

지금 당신 곁엔 누가 있는가. 새벽 4시라도 전화를 걸면 당장에라도 달려올 친구가 있는가. 당신은 기꺼이 울고 있는 친구에게 손수건을 내밀 수 있는가. 결국, 아름다운 꽃을 피우는 것도 그 꽃을 꺾는 것도 다 당신의 마음에 달려있다. 당신만의 벗을 가져라. 당신의 마음을 나눌 또 다른 당신을 가져라.

Humility
당신은 얼마나 낮게 허리를 굽힐 수 있나요?

어느 기자가 물었다.
"선생님은 어째서 '조 한 알'이라는 가벼운 호를 쓰십니까?"
"나도 인간이라 누가 뭐라 추켜세우면 어깨가 으쓱할 때가 있어. 그럴 때 내 마음을 지그시 눌러주는 화두 같은 거야. 세상에서 제일 하잘것없는 게 좁쌀 아닌가. '나는 조 한 알이다.' 하면서 내 마음을 추스르는 거지."
–장일순의 『좁쌀 한 알』 중에서

아주 작은 일도 마치 큰 업적인 양 부풀려 자랑하고 싶고, 이왕이면 남보다 돋보이고 싶은 게 사람의 본성이다. 그것이 자신의 가치를 높인다고 생각하기 때문이다.

그러나 그것은 부질없는 착각이다. 자신의 가치는 다른 사람의 판단과 평가로 결정되는 것이다. 아무리 아름다운 노을이라 할지라도 그 누구도 눈길 한 번 주지 않는다면 그것은 그저 하루해가 지는 평범한 일상에 불과하다.

프랑스 제9대 대통령이었던 포항가리 대통령에 관한 이야기이다.
어느 날 그는 자신의 은사인 라바스 박사가 교육자가 된 지 50주년을 기념하는 자리에 하객으로 참석했다. 드디어 축하객이 자리에 앉자 박사는 답사하기 위해 단상으로 올라갔다. 그런데 박사는 답사하

기도 전에 곧바로 단상을 내려와서는 객석으로 달려갔다. 포항가리 대통령이 맨 뒷자리의 딱딱한 의자에 앉아 있었기 때문이었다.

"대통령님, 왜 이런 곳에 앉아계십니까? 내빈석을 마련했습니다. 그곳으로 모시겠습니다."

그러자 대통령은 손을 내저으며 말했다.

"저는 한 나라의 대통령이기에 앞서 선생님의 철없는 제자입니다. 오늘은 그렇습니다. 그러니 괘념치 마세요."

박사는 겸손이라는 미덕을 갖춘 제자가 너무나도 기특했다.

"겸손은 천국의 문을 열고 교만은 지옥의 문을 연다."

《좁은 문》의 작가 앙드레 지드의 말이다. 교만의 절제와 겸손의 저축은 자신의 가치와 성공의 가능성을 높일 뿐 아니라 다른 사람의 존경까지 이끌어낼 수 있는 최고의 무기임을 알아야 한다.

One more …

고개를 숙이면 사람들의 따스한 눈빛을 얻을 수 있다.

많이 가진 것을 자랑하고 싶고 뛰어난 재능을 가진 것을 우쭐거리고 싶고 높은 지위에 있는 것을 과시하고 싶다.

그게 인간의 본성이다. 그러나 지나치면 못쓴다. 자칫 그런 겸손하지 못한 태도는 다른 이의 감정을 상하게 할 수 있다. 사람들은 대게 상대방의 성격보다는 그 사람의 지위나 위엄에 주눅이 들거나 상처를 입게 된다.

따라서 자기과시는 미움을 사게 되고 적을 만들게 된다. 자기과시로 괜히 시기심을 유발할 필요는 없다.

겸손한 자는 그다음에 자연히 존경이 찾아온다. 그러나 남의 존경을 바라면 바랄수록 존경은 작아진다. 존경은 강요할 수 없는 타인의 생각이기 때문이다.

존경은 취하는 게 아니라 묵묵히 기다려 얻는 것이다. 직위가 높고 가진 게 많을수록 그에 맞는 명망이 요구된다. 자신의 의무를 다하고 남을 위한 삶을 살 때 명예뿐만 아니라 행복까지 얻을 수 있다. 그러니 존경을 구걸하거나 얻으려고 달려들지 말고 다른 이의 존경심이 무르익을 때까지 기다려라. 그래도 늦지 않다.

벼를 보라. 익을수록 고개를 숙인다.

자기 일에 소란을 피우기보다는 늘 고개를 숙이며 남을 높여줘라. 그럼 사람들의 따스한 눈빛을 얻을 수 있다.

Consideration
더 아끼고 더 배려하고 더 생각해주는 게 정말 사랑이에요

사랑하는 것이 인생이다. 기쁨이 있는 곳에
사람과 사람 사이의 결합이 있는 곳에 또한 기쁨이 있다.
- 괴테

《톰소여의 모험》으로 유명한 소설가 마크 트웨인이 일을 마치고 집으로 가는 길이었다.

"집사람이 좋아하겠지?"

그의 손에는 사과 봉지가 들려 있었다. 사과를 맛있게 먹을 아내를 떠올리니 절로 입가에 미소가 번졌다.

"빨리 가야겠군."

그는 발걸음을 재촉했다. 그런데 너무나 서두른 탓일까. 그만 돌부리에 걸려 넘어지고 말았다. 순간, 봉지에 있던 사과가 쏟아지고 말았다.

"이런! 휴, 이게 무슨 일이람."

그는 자리에서 일어나 사과를 주워 봉지에 담았다.

그런데 이런 일이 아내에게도 일어났다. 아내는 마크 트웨인을 맞

이하기 위해 집 밖으로 나왔다. 바람도 쐴 겸 한 걸음, 한 걸음 걷다 보니 어느새 마을 어귀까지 오게 되었다. 그런데 그곳에서 사고가 발생하고 말았다. 며칠 전에 눈이 왔는데 아직도 눈이 녹지 않아 길이 미끄러웠다. 얼어붙은 빙판길에서 그만 넘어지고 만 것이다.

"어."

생각보다 상태가 심각했다. 아내는 일어나려고 했지만, 몸이 말을 듣지 않았다.

"저 좀 도와주세요. 저 좀 ······."

다행히 지나가는 사람들이 있어 도움을 받을 수 있었다. 아내는 사람들에 의해 병원으로 옮겨졌다.

뒤늦게 아내가 사고를 당했다는 소식을 들은 마크 트웨인은 황급히 병원으로 달려갔다. 도착했을 때, 이미 아내는 수술실에 들어간 상태였다. 그는 손목시계를 보며 초조한 마음으로 기다렸다. 몇 시간이 지났을까. 수술실 문이 열리더니 의사 선생이 나왔다. 의사 선생의 표정은 그리 밝지가 않았다.

"선생님, 제 아내는 어떻습니까?"

"최선을 다했습니다. 그러나 워낙 상태가 좋지 않아 아마도 생활하기에는 다소 불편하실 겁니다."

마크 트웨인은 마음이 무너져 내렸다.

한 달여간 병원에서 집중치료를 받은 아내는 집으로 돌아올 수 있었다. 마크 트웨인은 아내 곁에 머물며 늘 한결같은 마음으로 정성스럽게 돌봐줬다.

"이제 다리 좀 내밀어 봐. 주물러줄게."

"괜찮아요. 온종일 힘들지도 않아요? 당신, 소설도 써야 하잖아요."

"난 괜찮아. 소설은 나중에 써도 돼. 소설도 중요하지만, 나에겐 당신이 더 중요해."

마크 트웨인은 밤새도록 아내의 다리를 주무르고 새벽이 다 돼서야 서재로 갔다. 그리고 피곤한 몸으로 그때야 작품 활동을 위해 펜을 들었다.

한참 동안 소설 쓰기에 몰두하고 있는데 창문 너머로 새 한 마리의 노랫소리가 들려왔다.

"짹짹짹…마크 트웨인, 안녕하세요."

마치 새가 인사를 하는 것 같았다. 그러고 보니 어느새 날이 환하게 밝았다. 새소리는 참으로 평온하고 아름다웠다. 마크 트웨인은 창가로 다가가 커튼을 열고 새들에게 다정하게 인사를 건넸다.

"너희는 참 부지런하구나. 그래, 밤새 잘 잤니?"

그는 새와 대화를 나누며 하루의 시작을 열었다. 그런데 시간이 지날수록 새의 노랫소리가 점점 크게 들렸다. 어디서 날아왔는지 정원에 있는 큰 나뭇가지에 여러 마리 새가 앉아 있었다. 한 마리였을 때는 새의 노래가 참 아름다웠는데 여러 마리가 함께 재잘거리니까 조금은 시끄러웠다.

문득, 아내 생각이 났다. 그는 갑자기 서랍에서 메모지를 꺼냈다. 그리고 메모지에 무언가를 열심히 적기 시작했다. 그는 메모지를 들고 정원으로 나갔다. 그러더니 그 메모지를 나뭇가지에 매달기 시작했다.

그 종이에는 이렇게 적혀 있었다.

'새들아, 조용히 울 거라. 부탁이다. 새들아, 지금 내 사랑하는 아내가 자고 있으니까.'

그의 마음을 새들이 읽은 걸까. 잠시 뒤, 새들은 하나 둘 다른 곳으로 날아갔다.

사랑과 배려는 글자 모양이 다르긴 하나 그 의미는 같다. 남을 먼저 생각하는 마음, 남의 마음을 제대로 읽는 마음, 그게 바로 배려다.

배려라는 걸 거창하게 생각할 필요가 없다. 작고 사소한 거라도 그 안에 정성과 진심이 담겨 있다면 그것만으로도 충분하다. 뛰어오는 사람을 위해 엘리베이터를 잡아두는 것, 다음 사람을 위해 화장실을 깨끗이 사용하는 것, 힘들어하는 사람에게 손을 내밀어 주는 것, 그렇게 시작하면 된다.

생각해보라. 누군가가 나를 아껴준다고 생각이 들 때, 누군가가 나를 믿어준다고 생각이 들 때, 누군가가 나를 사랑한다고 생각이 들 때 얼마나 행복할까. 당신은 그 행복을 받을 자격이 있다. 반면 그 행복을 줘야 하는 의무도 있는 거다. 오늘은 아끼는 사람에게 연필로 꾹꾹 눌러 쓴 편지 한 장을 건네는 건 어떨까.

One more ...

영혼이 따뜻해지고 행복해지는 순간이 있다

마음속에는 100의 사랑이 있다고 하자.

그런데 50의 사랑은 그대로 남겨둔 채 50의 사랑만을 주었다고 하자. 그러면 그걸 사랑이라고 말할 수 있을까?

단언하건대 반쯤 준 사랑은 사랑이라고 말할 수 없다. 아울러 무엇을 바라고 주는 사람, 즉 조건부로 준 사랑은 사랑이라고 말할 수 없다. 사랑은 다 줘야 한다. 하나도 남김없이.

100으로 충만 된 사랑은 모든 위대함과 성취를 가능하게 만든다. 그러기 때문에 전부를 주든지 아니면 아예 사랑하지 마라.

완전히 주지 못하는 사랑, 즉 사랑의 결핍은 미움과 질투와 낙심과 패배를 가져온다. 설령 반만 준 사랑으로 이득을 얻었다고 해도 그건 진짜 승리가 아니다.

당신의 사랑은 당신의 행동과 미래를 결정한다. 당신이 100의 사랑을 아낌없이 바쳤을 때, 그 사랑은 당신을 승자로 만들어 준다.

사랑을 베풀어라. 줄 수 있는 한 모두를 줘라.

이 세상에는 사랑을 원하는 자로 가득 차 있다. 특히, 쓰러지고 병이 든 육체를 가진 자들은 불안감에 휩싸여 하루하루를 살고 있다.

그들이 어떻게 해야 나을지는 정확히 모르겠지만, 사랑이 탁월한 치료제임은 분명하다. 생각만으로 낫게 할 수 없다. 상처 입은 가슴과 상처 입은 영혼을 위해 사랑과 관심을 줘라. 그게 세상에 대한 배려이고 최소한의 예의다.

Lie

하루에 당신은 몇 번이나 거짓말을 하는지 세어봤나요?

살아있는 동안 너는 나만 사랑한다고
나는 너만 사랑한다고 맹세할 때
난 신이 가장 무서운 존재인 줄 알았어.
그런데 아니야.
세상에서 가장 위험하고 무서운 건 사람의 마음이야.
신 앞에서 한 맹세도 마음 한번 바꿔 먹으니까
아무것도 아니잖아.
―드라마 〈거짓말〉 중에서

"그 말 정말이니?"

"그래, 정말이라니까!"

우리는 상대방과 대화를 나눌 때 무의식적으로 '정말'이란 말을 자주 사용한다. 왜 그럴까?

그만큼 우리가 사는 이 세상에 거짓이 난무하고 있기 때문이다. 그래서 진실을 말해도 어느새 진실은 거짓으로 둔갑하고 만다.

관계에서 가장 중요한 것은 신뢰다. 신뢰가 무너지는 순간 모든 것이 무너지기 때문이다. 거짓은 영원할 수 없다는 사실을 명심해야 한다. 시간이 오래 걸릴 뿐 진실은 언젠가는 밝혀지기 마련이다.

시어머니를 간호하는 한 며느리의 이야기다.

어느 날, 시어머니의 소변을 받아 검사실에 가지고 가다가 실수로 그만 엎지르고 말았다. 시어머니에게 꾸중을 들을까 봐 걱정된 며느리는 자기 소변을 받아 검사실에 갖다 주었다. 잠시 후 의사가 몹시도 흥분한 듯 병실 안으로 뛰어들어와 말했다.

"기적입니다. 이런 기적은 처음입니다."

이 말에 시어머니는 얼굴이 환해졌다.

"의사 선생님, 제 병이 다 나았습니까?"

그러나 이어진 의사의 대답은 이러했다.

"축하합니다. 임신하셨습니다!"

성공을 이루고자 한다면 가장 먼저 거짓말을 버려라.

성공은 정직한 사람과 벗하기 때문이다.

만약 다음과 같은 말들을 하루에도 몇 번씩 접하고 있다면 당신의 성공과 행복은 요원할 따름이다.

1. 하고 싶은 일은 아주 많은데 난 시간이 늘 부족해.
2. 이 나이에 내가 뭘 할 수 있겠어.
3. 그냥 가만히 있는 게 낫겠지. 그럼 중간이라도 가잖아.
4. 남들은 다 편안한데 왜 나한테만 고민거리가 생길까.
5. 난 체질적으로 머리 쓰는 건 맞지 않아.

6. 습관은 절대로 버릴 수 없어.

One more ...

몇 걸음 물러난 후 생각한 다음 행동해야 한다

상대방에 대한 신뢰가 확인되었다면 무슨 일이 있어도 그를 믿어야 한다. 그러나 신뢰가 확인되지 않는 사람이라면 쉽게 믿지 말고 또한 쉽게 사랑하지도 마라.

상호 신뢰는 오랜 시간을 걸쳐 서서히 굳어져 가는 믿음에서 나타난다. 따라서 남을 속이기 위한 달콤한 말을 경계해야 한다. 남을 속이는 말은 비열한 짓이다.

그렇다고 상대방의 말이 거짓말이라고 해서 그 자리에서 상대방에게 표현하면 곤란하다.

그를 당장 사기꾼으로 모는 것은 그에게 수치심뿐만 아니라 분노를 일으키게 하며 자칫 최악의 상황이 발생할 수 있다. 그러니 상대방의 말을 믿을 수 없다고 당장 거짓말쟁이로 모는 것은 현명한 방법이 아니다.

만약 그 자리에서 그에게 면박을 줬다면 속이는 자와 믿을 수 없는 자 모두 재앙을 겪게 된다.

의심하지 않음을 들키지 말고 최소한의 호의를 베풀어라.

말뿐만 아니라 행동으로. 그럼 그 자리에서 불상사는 일어나지 않을 것이다. 그리고 당장 그 사람에 관해 판단을 내리지 말고 유보하라. 그리고 확신이 선 다음에 말하라. 그래도 늦지 않다.

Sharing
당신의 지갑에는 헌혈증서가 몇 장이나 들어있나요?

종은 누군가 울리기 전까지 종이 아니다.
노래는 누군가 부르기 전까지 노래가 아니다.
사랑도 함께 나누기 전까지는 사랑이 아니다.
- O. 햄머스타인

어느 날 신문 한 모퉁이에 실린 자그마한 기사.

전역을 불과 10여 일 앞둔 육군 병장이 생면부지의 중학생 백혈병 환자에게 골수를 기증했다. 그는 입대 전, 조혈모세포 은행협회에 백혈병 환자들을 위해 골수기증 희망자로 등록했다. 그리고 몇 년이 흐른 후 조혈모세포 은행협회로부터 연락이 왔다.

"김 병장님, 골수기증 조건이 일치하는 환자가 있어 연락합니다. 골수기증이 가능하시겠습니까?"

"예. 마침 곧 휴가니까 그때 하겠습니다."

김 병장은 휴가기간에 아픔을 참고 기꺼이 골수 채취를 했다. 그의 나눔으로 한 생명이 희망을 찾은 것이다.

미국에 이민해서 사는 한인 2세가 명문 의과대학에 지원했다. 공부도 잘해서 SAT 시험에 만점을 받았다. 집안 형편도 부유해서 무난히 합격하리라고 믿었다. 그런데 불합격 통지서가 날아왔다. 불합격 사유란에는 다음과 같은 글이 적혀 있었다.

"귀하의 성적은 아주 우수합니다. 가정형편이나 성격 테스트 결과도 별다른 흠이 없습니다. 그런데 귀하의 서류 어디를 보아도 헌혈했다는 기록이 없습니다. 남을 위해서 헌혈한 경험도 없는 귀하가 어떻게 환자를 돌볼 수 있겠습니까. 귀하는 의사 될 자격이 없습니다."

남을 위한 나눔이나 배려는 결국 자기 자신을 위한 일이다. 자신의 주위에 선한 사람이 많으면 그들이 행한 선이 그만큼 나에게 돌아올 확률이 높아지기 때문이다.

미국의 라 과디어 판사의 일화이다.

한 노인이 도둑질하여 법정에 섰다. 노인은 울먹이며 말했다.

"며칠 동안 아무것도 먹지 못해서 그만 빵을 훔쳤습니다."

노인의 말을 들은 라 과디어 판사는 이런 판결을 내렸다.

"할아버지, 법은 법입니다. 빵을 훔친 대가로 10달러의 벌금형을 내리겠습니다."

그런 후 판사는 지갑에서 10달러짜리 지폐 한 장을 꺼내 보이며 배심원들에게 말했다.

"이 할아버지로 하여금 빵을 훔치게 만든 우리에게도 책임이 있습니다. 그러므로 여러분에게도 벌금을 물리겠습니다. 저는 10달러, 여러분은 5센트씩 벌금을 내시기 바랍니다."

그는 직접 모자에 돈을 거둬 노인에게 전해 주었다.

나눔은 필요 때문에 하게 되는 선택이 아니라 살아있는 동안 당연히 해야만 할 의무이다.

One more ...

이 세상 최고의 슬픔은 사랑받지 못하는 것이다

얼굴이 어둡고 쉽게 짜증을 내고 해야 할 일을 미루거나 모든 것에 의욕이 부족하다면 그 원인을 타인으로부터 사랑을 받지 못한 것에서 찾을 수 있다.

타인으로부터 사랑을 받지 못하는 이유는 여러 가지가 있을 것이다.

남들에게 이기적인 모습만 보였다든가 아니면 스스로 타인의 사랑을 거부하는 것이다. '나는 누구의 사랑도 받을 자격도 없는 쓸모없는 인간이야. 하찮은 인간이야'라고 생각하는 사람도 있다.

이러한 사람은 어려서 다른 아이들에 비해 턱없이 사랑을 적게 받았거나 아예 사랑받았던 일이 없었던 게 분명하다. 어린 시절, 사랑 없이 자란 것이 자신을 잃게 한 것이다.

타인의 사랑을 못 받는 사람은 여러 가지 태도를 보이게 된다. 일단 타인으로부터 사랑을 받기 위해 노력한다. 그러나 그 노력이 자칫 거짓된 행동으로 보일 때가 있다.

유달리 남들에게 친절하다면 그건 분명 실패하고 만다. 지나친 친절의 동기를 상대방이 금방 알아보기 때문이다. 또한, 친절한 행동으로 사랑을 잠깐 얻을 수 있지만, 그 사랑이 진심이 담긴 사랑은 아니다.

얕은 사랑으로 큰 사랑을 얻으려는 계략에 스스로 발목을 잡혀 인간의 배신을 경험하게 될 수도 있고 그 때문에 사랑 자체에 환멸을 느낄 수도 있다.

타인으로 사랑을 받기 위해선 다른 방법이 없다. 먼저 누군가를 진심으로 사랑하는 수밖에. 그게 정답이다.

Cooperation
혼자서 모든 것을 다 해낼 수 있을 거로 생각하세요?

> 다른 수천 명의 도움이 있었기에
> 그 자리에 설 수 있는 것이다.
> 작은 친절을 베풀어준 사람,
> 한마디 격려의 말을 건네준 사람.
> 그 모두가 우리의 성격과 사고방식에
> 그리고 성공으로 나아가는 길에 기여했다.
> —키이스 페라지의 「혼자 밥 먹지 마라」 중에서

누구나 한 번쯤 목욕탕에서 이런 경험을 했을 것이다.

옆에 있던 사람이 "죄송하지만, 등 좀 밀어주세요."라며 수건을 건넨다.

대부분 사람은 기꺼이 등을 밀어준다. 그리고는 어느새 자신도 상대방에게 등을 내밀게 된다.

모르는 사람도 마음을 열면 서로에게 큰 도움이 된다. 이 세상에는 혼자서 할 수 없는 일이 너무도 많다. 술조차도 혼자 마시면 빨리 취한다.

혼자보다는 둘, 둘보다는 셋이 함께 있는 모습이 더욱 아름답다.

아프리카 대초원에 사는 늙은 영양은 기력도 없고 눈과 귀도 어둡지만 오래도록 살아남을 수 있는 이유는 그의 곁에 젊은 영양이 있기 때문이다. 위험에 처하면 젊은 영양은 재빨리 이 사실을 늙은 영양에게 알려서 달아나도록 돕는다.

무적의 코뿔소 역시 시력이 대단히 나쁘다.

이 코뿔소에게도 도움을 주는 작은 새가 있다. 이 새는 평소엔 코뿔소 살갗에 붙어 곤충을 잡아먹지만, 코뿔소가 위험해지면 민감한 더듬이로 위험을 알린다.

서로 도우며 공생하는 것은 인생의 질서요 삶의 순리다.

혼자 앞서 달리는 것도 중요하지만 더불어 사는 조화 또한 중요하다. 절대로 반목하지 않고 함께 길을 걷는 것, 이것이 바로 행복이요 성공이다.

One more ...

수학공식처럼 계산적이지 않은 것이 있다

당신에겐 어떤 사람이 있다. 당신의 장단점, 당신에 관한 모든 것을 알고 또한 당신의 꿈과 미래를 믿어주는 사람이다.

그는 당신이 밑바닥에서 허우적거릴 때 기꺼이 손을 내밀어 주고 또 당신이 꼭대기에서 기뻐할 때 행복해하면 묵묵히 박수를 보내며 당신을 존경한다.

당신이 성공할 때 함께 기뻐하고 당신이 실패할 때 함께 가슴 아파한다. 그리고 그는 항상 당신의 내일이 오늘보다 더 나아지길 원한다.

우정은 수학공식처럼 계산적이지 않으며 설명이 필요치 않으며 용서를 구하지도 않는다.

당신이 어떤 일을 선택했을 때, 왜 선택했느냐며 따지지도 않고 당신의 약점보다 당신에게 더 많은 장점이 있다는 것을 믿고 당신의 실수보다 당신에게 더 많은 가능성이 있다는 것을 믿는다.

그는 당신과 함께 이미 지나간 것을 바라보는 게 아니라 앞으로 다가올 미래를 바라보며 상호 신뢰를 최고로 생각한다.

그는 당신의 거짓말에도 때론 눈감아주고 그 거짓말 위에도 기꺼이 믿음이라는 훌륭한 건축물을 세운다.

그는 자신의 재산을 당신에게 맡기기도 하고 자신의 꿈마저도 당신에게 빌려준다. 그러고도 전혀 걱정하지 않는다.

당신은 그를 가졌는가? 아니, 당신은 누군가에게 그런 사람인가?

Respect
그 누구도 그 누구를 무시할 자격은 없다

인생에서 돌아오지 않는 네 가지가 있다.
뱉어낸 말, 시위를 떠난 화살, 과거,
그리고 무시한 사람과 기회
-미국 격언

꾸짖되 무시하거나 비난하지는 마라.
꾸짖음은 반성하고 발전하는 기회가 되지만 까닭 없는 무시와 비난은 사람을 주눅이 들게 하고 씻기 어려운 마음의 상처를 주기 때문이다.

잉글랜드 축구 국가대표 마이클 오언은 세계적인 선수다.
그러나 2006년 독일월드컵에서 그는 기대에 못 미치는 플레이를 펼쳤고, 현지 언론과 팬들은 그에게 무시와 비난의 폭탄을 쏟아 부었다.
그는 크게 좌절하고 슬럼프에 빠지고 말았다. 그러나 동료인 스티븐 제라드는 그를 따뜻하게 감쌌다.
"나는 오언만큼 미드필드에서 넘어오는 스루패스를 잘 살려내는 선수를 본 적이 없습니다. 우리는 오언에게 더욱 많은 기회를 만들어 줄 것입니다. 오언이 골을 넣는 것은 시간문제입니다. 그가 최고의 스트라이커라는 사실은 변함이 없습니다."

동료의 격려와 위로는 그를 다시금 일으켜 세웠다. 그리고 마이클 오언은 여전히 잉글랜드 최고의 선수로 활동하고 있다.

어느 이른 아침, 거지가 부잣집 대문을 두드렸다. 그러자 부자는 불쾌한 표정으로 문을 열었다.
"한 푼 보태주십시오."
부자는 버럭, 화를 냈다.
"이 거지가 어디서 구걸이야! 내가 온 세상에 돈을 뿌린다 해도 너 같은 놈한테 단 한 푼도 줄 수 없어! 이렇게 아침 6시부터 찾아와서 돈을 달라니 상식도 없는 놈이군!"
그러자 거지는 당당하게 말했다.
"나는 절대로 당신을 무시하지도 않았고 또한 당신의 일하는 방식에 대해 비난하지도 않았습니다. 그러니까 당신도 내가 하는 일에 대해서 이러쿵저러쿵 간섭하지 말아 주었으면 합니다."

하늘 아래 모든 사람, 땅 위에 모든 사람, 모두 다 존귀하다. 무시 당할 이유도 무시할 자격도 없다.

One more ...

🌸 타인의 가치를 알아가는 과정에서 인생은 풍요로워진다

　작가 시오니 나나미는 볼품도 없고 뛰어난 재능도 없이 그저 평범했던 로마가 어떻게 세계를 정복했느냐는 의문 때문에 《로마인 이야기》를 집필했다. 15년의 세월 동안 2만 장이 넘는 원고를 써 내려가면서 그가 찾은 해답은 단 하나, 로마의 번성은 강력한 군사력이나 현명한 군주의 리더십에서가 아닌 '차별 없는 관용과 포용'이었다. 다른 민족의 종교와 문화를 무력으로 복속하기보다는 그 나름의 종교와 문화를 인정하고 흡수하였기에 로마의 천 년 제국은 가능했던 것이다.

　나와 다르다는 이유로 배척하고 나와 다르다는 이유로 외면하고 나와 다르다는 이유로 강요한다고 다른 사람이 나와 같아질 수는 없다. 차별을 버리고 포용을 선택하는 순간, 우리는 잊고 있던 사람들의 진정한 가치를 발견할 수 있을 것이다.

Praise
누군가에게 칭찬을 건넨 게 언제인가요?

다른 사람을 칭찬하라.
그러면 자신이 낮아지는 것이 아니라
상대방과 같은 위치에 놓이게 된다.
- 괴테

한 리서치기관의 조사결과 우리가 어떤 경우에 가장 행복할 수 있는지 보여주고 있다. '가장 살맛이 나는 때가 언제인가'라는 질문에 대부분 직장인은 첫 번째가 아내에게 인정받고 칭찬을 받을 때, 두 번째는 직장에서 동료와 상사들로부터 인정과 칭찬을 받을 때라고 답한 것이다. 칭찬은 기분 좋은 일을 넘어 사람의 인생까지도 바꿀 힘을 지니고 있다.

미국의 루즈벨트 대통령은 어릴 때 소아마비 장애아였다. 그래서 항상 의기소침했고 내성적인 성격 때문에 친구조차 사귀기 어려웠다. 그는 자서전에서 자신이 일국의 대통령까지 될 수 있었던 가장 큰 힘은 "너는 특별하다. 마음만 먹는다면 무엇이든 할 수 있단다."라고 말해준 아버지의 칭찬과 격려 때문이라고 회고했다.
20세기 가장 영향력 있는 인물 100인에 선정된 빌리 그레이엄 목사는 어릴 때 동네에서 유명한 골칫덩이였다. 사람들은 그를 보면 눈살을 찌푸리기 일쑤였다.
"저 아이는 커서 뭐가 될까?"
"정말로 문제아야."
그렇지만 그의 할머니만은 빌리의 머리를 쓰다듬으며 말하곤 했다.
"넌 말도 잘하고 개성도 강하니까 나중에 훌륭한 사람이 될 거야."
할머니의 말대로 그는 훗날 세계적인 부흥사로 명성을 떨칠 수 있었다.

3톤이 넘는 고래를 춤추게 하는 것은 채찍이나 매질이 아니라 진심 어린 칭찬이다.
주위에 있는 이들의 숨어있는 장점을 발견하라. 잘한 일이 있다면 아무리 사소한 것이라도 곧바로 칭찬의 말을 건네라. 당신이 건넨 한마디의 칭찬이 그 사람의 인생을 바꿀지도 모를 일이다.

One more ...

반대되는 것들과 맞물려 살아야 한다

사람으로 태어난 이상 사람을 벗어날 수 없다. 아니 당신이 동물이

나 식물도 태어났다고 해도 그건 마찬가지다.

　세상 모든 생명체는 그 무리에서 벗어나 독자적으로 살 순 없다. 물론 독자적으로 생명을 유지할 순 있겠지만 그건 사는 게 아니다. 쓸쓸함과 외로움의 나날일 뿐 전혀 삶다운 삶을 영위하지 못한다. 하나는 전체에 속해야 하며 전체 중 일부가 되어야 한다.

　사람들이 당신에게 상처를 준다고 해서, 당신을 무시한다고 해서, 당신을 괴롭힌다고 해서 그 사람들을 떠날 순 없다. 잠시 피할 순 있겠지만 결국은 그 사람들과 함께 이 땅에서 살아야 한다. 당신이 스스로 사람이기 포기하지 않는 이상 말이다. 그러니 어울려 사는 법을 배워야 한다.

　이 세상은 조화를 이루며 산다. 그러나 그 조화라는 것은 선과 선의 조화가 아니라 선과 악의 조화이다. 이 세상을 보라. 선과 악이 함께 공존하지 않는가. 그럼에도 이 세상은 잘 돌아가고 있다.

　그렇다. 이 세상은 대립적인 요소로 가득 차 있으며 그 대립적인 요소들이 상호작용을 하며 세상을 움직이고 있다. 이상한 조화이지만 여하튼 이게 현실이고 이 세상의 법칙이다. 당신이 선에 가깝든 악에 가깝든 당신은 그 반대의 것과 조화를 이루며 살아야 한다. 사람들을 벗어나 해답을 찾으려 하지 말고 사람들 안에서 해답을 찾도록 하라.

　그게 바로 세상과 맞물려 살아가는 맛이며 세상을 사는 으뜸의 지혜다.

Prejudice
편협한 사고보다는 둥글한 사고가
훨씬 살기 수월해요

자기의 지성을 강화하는 유일한 수단은 편견이 없는 것.
즉, 마음이 모든 사상을 위한 신작로가 되게 하는 것이다.
—존 키츠

'어린 왕자' 책을 펼치면 도입 부분에 그림 하나가 나온다.
그 그림의 형태는 영락없이 중절모이다. 그러나 어린 왕자는 그 그림이 코끼리를 삼킨 보아뱀이라고 말한다. 그때야 고개를 끄덕이며 우리는 머릿속을 굳게 만든 고정관념을 깨뜨린다. 우리가 당연히 그럴 것이라고, 응당 그러할 것으로 생각하는 수많은 것들이 어쩌면 고색창연한 편견의 덩어리일지도 모른다. 그러한 편견의 덩어리들 때문에 우리는 소중한 것들을 얼마나 많이 잃고 또한 새로운 것들을 발견하지 못한 채 살아가는가.

배우 홍석천은 커밍아웃 후, 사람들의 터무니없는 편견 때문에 고통스러운 나날을 보내야만 했다.
"어느 날 갑자기 마약단속반이 집으로 쳐들어와 온 집안을 이 잡듯 뒤지는 것이었다. 세상의 편견이 그 얼마나 무서운 것인지 몸서리치게 느껴야만 했다. 게이라면 마약쯤은 당연히 할 거라는 그런 생각들은 어디에서 나오는 것인지…. 게이라는 정체성은 나도 모르게 생긴 것인데 그게 죄악인가. 이렇게 힘들게 살고 있는데 내가 마약을 한다면 그것은 나 스스로 무덤을 파는 짓이다. 난 바보가 아니다."

지상의 낙원 하와이는 무척이나 더운 곳이다. 그런 곳에서 밍크코트를 팔겠다고 한다면 당신은 어떤 생각이 들겠는가? 십중팔구는 살짝 정신이 나간 사람으로 여길 것이다. 하지만 실상은 그렇지 않다.

하와이는 일 년 내내 세계 각국에서 온 관광객들로 붐비는 곳이다. 그중에는 분명 추운 지방에서 온 사람들도 있을 것이다. 그래서 그들에게 밍크코트를 판다는 것은 그리 어렵지 않다. 아프리카에서 난로를 팔고 에스키모에게 냉장고를 팔 수 있는 사람은 세상에 대한 편견을 벗어던진 사람이다.

그릇된 고정관념은 진실에의 접근을 가로막는다.

인생에는 정답이 없다.

모든 것이 정답일 수도 있고 모든 것이 틀릴 수도 있다.

그러니 어느 쪽에서든 답이 들어올 수 있도록 마음의 창을 활짝 열어야 한다.

편견으로부터의 탈출, 행복한 인생을 위한 최고의 방법이다.

One more ...

어른이 된다는 건 하나 하나 배운다는 것이다

어른이 된다는 건 무얼까?

어른이 되는 건 바른길로 가는 것이고 바른 삶을 사는 것이다.

진정한 어른이 되기 위해 다음과 같이 행하라.

당신은 더욱더 다양한 지식을 가진 사람들과 자주 얘기를 나눠라. 또한, 공원길을 산책하거나 산에 등반할 때 숨만 헐떡거리지 말고 생각하며 걷는 것을 익혀라. 아울러 옛것을 업신여기지 말고 그것을 숭상하고 책 속에서 지식을 발견하고 책을 통해 마음을 풍요롭게 하는 법을 배워라.

책은 가장 가까운 친구이며 교양 있는 어른으로 만들어주는 인도 자다. 또한, 잔꾀를 부리기보다는 정직으로 사람을 대하고 현명한 판단을 내릴 줄 아는 사람이 되어라.

말 한마디도 생각하고 또 생각한 후에 내뱉고 편안하지만 엄숙하며 예의 바르게 행동하여 어른다운 참모습을 보여라.

이와 더불어 모든 것에 신중하고 집중력을 발휘해야 하며 겉모습의 크기보다는 그 속에 담고 있는 의미를 발견할 줄 알아야 한다. 또한, 다양한 사고를 할 줄 알아야 한다.

고대 그리스 수학자인 유클리드는 이렇게 말한 바 있다.

"어린아이는 점과 같고 십대는 선과 같고 젊은이들은 면과 같다. 그리고 어른에게는 깊이와 중심이 있다."

아이처럼 한 방향만 보지 말고 앞과 뒤와 옆도 볼 줄 아는 유연한 사고를 해야 한다.

이처럼 진정한 어른이 된다는 건 쉬운 일이 아니다. 그렇다고 불가능한 일도 아니다.

이제까지 나열했던 모든 것을 다 실천해서 진정한 어른이 되기 바라며 궁극적으로는 남들에게 존경받는 참 인간이 되었으면 한다.

Calumny
약점을 들추기보다는 좋은 점을 말해주세요

타인에 대한 험담은 한꺼번에 세 사람에게 상처를 준다.
험담을 먹는 사람, 험담을 듣는 사람,
그리고 험담을 하는 사람.
그중에 가장 심하게 상처를 입는 사람은 바로 험담을 한 자신이다.
-마드리쉬

어느 날 한 청년이 무척 화가 난 표정으로 돌아와 화단에 물을 주고 있는 아버지에게 다가왔다.

"아버지! 정말 나쁘고 어리석은 녀석이 있어요. 그게 누군지 아세요?"

그러자 아버지가 아들의 말을 막았다.

"잠깐. 네가 이야기하려는 내용을 세 가지 '체'에 걸러보았느냐?"

어리둥절해진 아들이 되물었다.

"세 가지 '체'라니요?"

"아들아 네가 하려는 이야기가 모두 진실이라는 증거가 있느냐?"

아들은 머뭇거리며 대답했다.

"글쎄요, 저도 전해 들었을 뿐인데요."

"두 번째로 그 이야기가 진실한 것이 아니라면 최소한 선한 것이냐?"

"글쎄요, 오히려 그 반대에 가까운 것 같은데요."
"그러면 세 번째로 너의 이야기가 꼭 필요한 것이냐?"
아버지의 물음에 아들은 기어들어 가는 목소리로 답했다.
"꼭 필요한 것은 아니지만…."
그러자 아버지는 환하게 웃으며 말했다.
"네가 이야기하려는 내용이 진실한 것도, 선한 것도, 꼭 필요한 것도 아니면 그만 잊어버려라."

《야심만만 심리학》의 저자 시부야 쇼죠 교수는 험담을 즐기는 가장 큰 이유는 바로 자신이 칭찬받고 싶기 때문이라고 말한다. 자기 자신이 남에게 인정받지 못하기 때문에 남을 깎아내린다는 것이다.
하지만 다른 사람을 깎아내린 그 자리에 자기가 올라갈 수 있다는 생각은 유치하기 짝이 없다. 당신 앞에서 다른 이의 험담을 듣고 있는 그 사람은 언젠가는 자신에 대한 험담도 늘어놓지 않을까 걱정할 것이다. 결국, 당신 주위에는 아무런 사람도, 그 어떤 친구도 남아 있을 수가 없다.
험담보다는 칭찬을, 질투보다는 사랑을, 비난보다는 격려가 필요하다. 자신의 주위에 사람을 모으는 가장 좋은 방법이다.

한 신부님이 젊은 과붓집에 자주 드나들자, 이를 본 여인들이 소문을 퍼뜨리며 신부를 비난했다.

"신부님이랑 과부랑 무슨 일 있는 거 아냐? 정말로 수상해!"

그런데 얼마 후 그 과부가 세상을 떠나고 말았다.

그제야 마을 사람들은 신부가 암에 걸린 젊은 과부를 기도로 위로하고 돌보았다는 사실을 알게 되었다.

어느 날, 그동안 가장 혹독하게 신부를 험담했던 두 여인이 신부를 찾아와 사과하며 용서를 빌었다. 그러자 신부는 그들에게 닭털 한 봉지씩을 나누어주며 들판에 가서 그것을 바람에 날리고 오라고 말했다. 얼마 후 닭털을 날리고 돌아온 여인들에게 신부는 다시 그 닭털을 모두 다시 주워오라고 말했다.

"바람에 날려가 버린 닭털을 무슨 수로 주워옵니까?"

그러자 신부는 미소를 지으며 답했다.

"저에게 용서를 구하니 용서해주는 것은 별 문제가 있겠습니까. 그러나 한 번 내뱉은 말은 다시 담지 못합니다. 그러니 다시는 섣불리 다른 사람에 대한 험담을 하지 마세요. 험담은 한 사람을 죽이는 것보다 더 위험한 일입니다."

One more ...

혀는
사악한 뱀의 독이 있다

입은 영혼이 들어오는 입구인 동시에 영혼이 나가는 출구이기도 하다. 그리고 입은 의사소통을 하기 위해 가장 큰 역할을 하는 아주 중요한 기관이다. 그래서 그런지 입은 이로 보호되어 있으며, 남자는 수염으로 가려져 있기까지도 하다. 그런데 입안에는 좋은 것도 있고 나쁜 것도 있다.

그건 바로 혀이다.

한 번 내 혀에서 떠난 말은 주워담을 수 없다.

좋은 말이라면 아무 탈이 없겠지만 나쁜 말은 상대방에게 상처를 줄 수도 있고 생각 없이 뱉든 말은 곧 후회로 돌아온다. 그러니 그 말들을 하기 전에 자꾸 되새김질하면서 이 말이 입 밖으로 나가도 되는지 생각해야 한다.

당신의 입과 혀는 맛있는 음식을 맛보고 말을 씹고 되새김질하는 데만 사용하라. 그리고 너무 많은 말을 하지 마라. 필요한 말만 하라.

우리의 혀는 뱀처럼 사악하다. 그래서 혀끝에 독이 있다. 그 점을 늘 깨닫고 조심하고 또 조심해야 한다. 이것이 인생을 현명하게 사는 지름길이다.

Healing chair

남을 위해 기꺼이 연탄 한 장 되기

절대 절망이라는 그런 불행은 매우 드물다.
아직 벗어날 구멍이 있건만
사람들은 스스로 절망해 버리고 만다.
인생은 희망에 속기보다 훨씬 더 절망에 속고 있다.
-웨날크

히말라야 산에 큰 망고나무 한 그루가 있었다. 그 나무에는 맛있는 망고 열매가 가득 달려 있었다. 그래서 원숭이들이 늘 그곳을 찾았다. 원숭이들은 망고 열매를 따 먹으며 행복한 시간을 보냈다.

어느 날이었다. 총을 가진 포수들이 잠시 더위를 피해 망고나무 그늘에서 쉬고 있었다. 그러다 스르르 잠이 들고 말았다.

여느 때처럼 원숭이들은 망고 열매를 먹기 위해 망고나무 근처로 왔다. 원숭이들은 포수를 보고 깜짝 놀랐다.

"어, 큰일이다. 저기 포수가 있어."

"그러네. 얼른 도망가야겠어."

"아니야. 조용히 먹고 가면 돼."

원숭이들은 망고 열매를 따 먹기로 했다. 목숨을 걸만큼 망고 열매가 맛있기 때문이다.

원숭이들은 조심조심 나무 위에 올라갔다. 그런데 너무 많은 원숭이가 떼를 지어 온지라 그만 소리를 내고 말았다. 시끄러운 소리에 잠이 깬 포수들은 황급히 총을 집어 들었다.

"원숭이들이 떼로 모여 있네. 저 원숭이들을 잡아라."

포수들이 소리쳤다.

놀란 원숭이들은 우왕좌왕하며 어쩔 줄 몰라 했다. 그러자 두목 원숭이가 소리쳤다.

"걱정하지 마. 좋은 수가 있어. 개울 건너편에 있는 저쪽 가지를 붙잡고 있을 테니 다들 내 등을 밟고 도망가."

원숭이들은 두목 원숭이가 시키는 대로 재빨리 개울 건너편으로 도망쳤다. 그러나 힘이 빠진 두목 원숭이는 그만 나무 밑으로 떨어지고 말았다.

포수들은 두목 원숭이를 향해 총을 겨눴다. 총알을 발사하려는 찰라, 나이 지긋한 포수가 다른 포수들에게 말했다.

"그냥 저 원숭이를 놓아주게."

그러자 포수 중 한 명이 입술을 내밀며 말했다.

"다 잡은 원숭이를 왜 놓아줍니까? 이런 기회는 쉽게 오지 않습니다."

나이 지긋한 포수는 나지막한 목소리로 말했다.

"자네도 저 원숭이가 했던 행동을 보지 않았는가. 두목 원숭이의 용기와 희생을 우리는 배워야 하네. 안 그런가?"

어느 시인의 노래처럼 인생은 어쩌면 남을 위해 기꺼이 연탄 한 장이 되어주는 것인지도 모른다. 리더라 함은 남보다 앞서고, 남보다 강하고, 남보다 잘난 것만은 아니다. 진정한 리더는 남을 위해 내 소중한 것을 양보하고 남을 위해 배려하고 남을 위해 내 마음 깊은 곳에 있는 용기를 끄집어낼 수 있어야 한다.

누군가에게 무언가를 줄 수 있다는 것, 얼핏 보면 손해 보는 것 같기도 하지만 그것만큼 뿌듯하고 행복한 일은 없다. 당신은 지금 그 누군가에게 어떤 의미로 존재하는가.

마지막으로 사이먼 & 가펑클이 부른 노래 '험한 세상에 다리가 되어'의 가사를 음미하기 바란다.

당신이 피로하고 작게만 느껴지고
당신의 눈에 눈물이 고이면
제가 닦아줄게요.

제가 곁에 있잖아요.
힘든 시기가 닥치고
주위에 친구도 없을 때
제가 험한 물살 위에
다리가 되어 드리겠어요.

당신이 무일푼이 되어
거리로 나가고
견디기 어려운 밤이 찾아올 때
제가 당신을 위로해 드릴게요.

제가 당신 편에 서 드릴게요.
어둠이 몰려와
주위가 온통 고통으로 가득 찰 때
제가 험난한 물살 위에
다리가 되어 드리겠어요.

계속해요, 소중한 그대, 나아가세요.
당신을 환하게 비추어줄 날이 왔어요.
당신의 모든 꿈이 다가오고 있어요.

그 꿈이 빛나는 모습을 보세요.
만약 친구가 필요하면
내가 바로 당신 뒤에 있어요.
험한 세상에 다리가 되어
당신의 마음을 편히 해드릴게요.

원고를 기다립니다

한순간 일지라도 진정했던 삶의 모습과
영원까지 퇴색하지 않을 세상의 지혜를
글로 담은 그대와 또 하나의 생의 흔적을 남기고자 합니다.
책은 나무를 베어 만든 종이로 만듭니다.
나무의 생명과 맞바꿀 만한 가치가 있는
소중한 여러분의 원고를 기다립니다.
소중한 원고 정성을 다해 좋은 책으로 만들겠습니다.

원고를 보내시는 방법

이메일 접수 : 2010sr@naver.com
우편 접수 : 서울시 동대문구 답십리 2동 한신아파트 2동 106호
대표전화 070-4086-4283, 010-8603-4283
팩스 02-989-3897

*보내주신 원고는 반송되지 않으니 반드시 복사본을 보내 주세요